I0787751

PER A OFRENAR NOVES GLORIES A VALENCIA

Josué Ferrer

Primera edicio: Maig de 2009 (Amazon).
Titul: Per a ofrenar noves glories a Valencia.
Autor: Josué Ferrer.
Prolec: Manuel Latorre.
Edicio: Josué Ferrer.
Correccio: Josué Ferrer.
Portada: Mat Yan (matyan90@gmail.com).

ISBN: 9798371324559.
Depòsit llegal: V-1820-2008.

Correu-e: josueferrer7@hotmail.com

Fet en Valencia / Made in Valencia.

INDEX

Advertencia.   12

Agraïments.   13

Dedicatoria.   14

Prolec.   17

Prefaci a la primera edicio.   19

Cent articuls...   21

1. Se'n van els fascistes del PP i tornen els lladres del PSOE.   25

2. Aznar, el Nixon espanyol.   26

3. La passio de Crist.   27

4. 25 d'Abril: "¡Gora ETA, ETA vine i mata'ls".   28

5. Carod-Rovira, l'amic de ETA.   29

6. Per a ofrenar noves glories a Espanya.   31

7. El Segon Pacte del Pollastre.   32

8. Felacions a sis euros.   33

9. Amnesies d'Espanya.   35

10. L'atre milacre economic espanyol.   36

11. De la regeneracio democratica i el nou talant.   38

12. Carta oberta a Chimo Lanuza.   40

13. El crepuscul de Zaplana.   41

14. ¿Quín es el resultat d'inocular el catala en les escoles valencianes? (1/2)   42

15. ¿Quín es el resultat d'inocular el catala en les escoles valencianes? (2/2)   44

16. Zapatitos, un ninot per a la Foguera.   46

17. A la memoria de Joan Fuster.   47

18. Canal Nueve, la Televisión de Zaplana.   50

19. ¿Qué pot significar la frase "Soc valencià i escric en valencià"?   52

20. Barcelona 2004: Forum de l'especulacio i l'incultura. — 53

21. L'Eurorregio: l'ultima palla mental de Maragall. — 55

22. Ruïna Mitica. — 56

23. Zaplana, l'anti-Mides, convertix en merda tot lo que toca. — 58

24. Coalicio Valenciana, un proyecte ilusionant. — 59

25. Per qué Valencia si es nacionalitat historica i Catalunya no. — 61

26. El circul vicios de l'anticiencia. — 63

27. La cultura elitista, la cultura popular i la pseudocultura. — 64

28. Iglesia Catolica: corrupcio, hipocresia i ara tambe catalanofascisme. — 66

29. ¿Quí pert el temps? — 67

30. La dictadura de Rita: ¿Es pot fer pijor? — 69

31. Carod i Hitler: pareguts raonables. — 70

32. El fariseisme de Paco Camps: predica blanc i fa negre. — 72

33. Li diuen Pla, encefalograma Pla. — 73

34. Francesc Caja i el circul vicios del totalitarisme. — 75

35. 10 raons per a votar no a la Constitucio Eurocatalanufa. — 76

36. ¿Per a quan una Academia de la Llengua Valenciana? — 78

37. Catala, idioma de ficcio, impostura i fanfarria. — 79

38. El Pla Ibarretxe i les miseries del periodisme. — 81

39. Protectorat Etarra de Catalunya. — 82

40. Fins als collons del Quixot. — 83

41. Batman, superheroe valencianiste. — 85

42. Gorrins. — 87

43. Els ecologistes: la dreta mes carca, conservadora 88
i antiprogressista del mon.
44. Colonia Autonoma Valenciana.   90
45. ¿Per a quan un referendum per la llengua   91
valenciana?
46. 25 d'Abril: l'enemic no es Catalunya.   92
47. Catalanoespanyoleros: lo milloret de cada casa.   94
48. ¿En Espanya ya teniu coches o encara aneu   95
montats en ruc?
49. Les mil i una ventages de ser espanyol.   97
50. ¡¡¡Parlar en valencià es parlar en cristia!!!   99
51. Estatut d'Autonomia, carta colonial.   101
52. Prejuïns dels catalans cap a Valencia.   102
53. Els secessionistes catalans contra l'unitat de la   104
llengua.
54. Llengua valenciana i dialecte catala.   106
55. Valencià i andalus: el joc de les 7 diferencies.   108
56. Madrit 2012.   110
57. La vostra llengua.   111
58. El problema no es el nom.   113
59. ¿Per a quan l'Estat Lliure Associat de Valencia?   114
60. Esteban González Pons, un "catalaniste fasciste"   116
a favor dels PPCC.
61. Año 30 después de Franco.   117
62. El Sindrome Lizondo.   118
63. Boicot als productes catalans: qui sembra vents   120
recull tempestats.
64. Seleccions Nacionals Valencianes: estat de la   121
qüestio.
65. OPA hostil a la classe obrera.   123
66. Cuando matar es progresista.   125
67. Ni Països Catalans ni Països Valencians.   127

68. ¿Els valencians som catalans o no ho som? 128
69. Mira, te lo digo en castellano que me aclaro más. 130
70. El factor Milosevic: una historia inacabada. 131
71. Diego Maradona es millor que Pelé. 133
72. La encrucijada vasca. 135
73. Navarra no es el hijo tonto de Euskadi. 137
74. 25 de Abril: Ofrendar nuevas glorias a quien nos 139
niega la lengua y el agua.
75. Estado de desecho. 141
76. Gente bajo cero. 143
77. Pactar en el diable o els michelins que mos 145
sobren.
78. Una nova nacio lliure està a punt de naixer. 146
79. ¿Sabes qué es realmente una Universidad? 148
80. ¿Quants morts costa ofrenar noves glories a 150
Espanya?
81. La visita de Benet XVI a Valencia i l'hipocresia 152
de sociates i peperos.
82. Bienvenidos a la Castilla Valenciana. 153
83. Fasciste = Tot aquell que pense distint de mi o no 155
em done la rao.
84. La llengua catalana no existia en el segle XIX. 156
85. Nacio cultural catalana: nacio d'espoliadors i 160
lladres de cultura.
86. ¿Saben los propalestinos cómo son los 161
palestinos?
87. 9 d'Octubre: l'afonament d'una nacio. 163
88. Quan dona igual una cosa que la contraria. 165
89. ¿Y si nos saliéramos de la Unión Europea? (1/2) 167
90. ¿Y si nos saliéramos de la Unión Europea? (2/2) 169
91. Quí es valencianiste, quí catalaniste i quí 171
espanyoliste.

92. 400 millones de cobardes. 172
93. 300 anys d'humiliacions. 175
94. A toque de trompeta. 176
95. ¡Copa America: tots en l'Alinghi i el Desafío 178
Español que s'afone!
96. Salvar la llengua valenciana ya no es possible. 180
97. L'abort, el genocidi silencios. 182
98. El derrumbament moral d'Occident. 184
99. Escopir al cel. 185
100. El Valencia C.F. com a sintoma sociologic. 188
...i un discurs. 191
Valencia ¿una prostituta que subasten al millor 195
postor?

Per a ofrenar noves glories a Valencia

ADVERTENCIA

Este llibre esta escrit en autentica llengua valenciana, en les Normes de la Real Academia de Cultura Valenciana (RACV).

Josué Ferrer

AGRAÏMENTS

Aprofite per a donar les gracies a Manuel Latorre, pel prolec, i a Ignassi Gallego, per la primera portada.

Per a ofrenar noves glories a Valencia

DEDICATORIA

A la memoria de Nacho Santodomingo.

"Una persona en una creença es igual de forta
que centmil que nomes tinguen interessos"
John Stuart Mill (filosof, politic i economiste).

Josué Ferrer

PROLEC

Quan Josué Ferrer me demanà que prologara el seu llibre *Per a ofrenar noves glories a Valencia*, no pogui evitar enrecordar-me del seu anterior treball, *L'Estat Valencià*. Encara que yo ya havia llegit la majoria dels articuls que s'arrepleguen ab este nou llibre, no se per qué esperava tornar a trobar-me un llibre tan polemic, irreverent i despertador de consciencies com ho va ser aquell. Per sort, ara que he tornat a rellegir aquells articuls, he de dir que no m'ha defraudat gens. Mos trobem davant d'un Josué Ferrer en estat pur.

Rellegir els articuls de Josué Ferrer es un d'eixos eixercicis de memoria historica que tot valencianiste que se precie deuria fer de tant en tant. Si ademes tenim la sort de que siga el propi autor qui seleccione els seus millors articuls escrits en una etapa molt intensa i interessant per al valencianisme ya no tenim cap excusa per a no passar avant i fer junt a Josué Ferrer i la seua prosa directa, provocadora i d'una ironia esgarradora, un repas de tot lo molt que patiren, i continuen patint, els valencians.

Son mes de cent articuls que van de 2004 a 2009 i que varen ser publicats en diferents mijos valencianistes (El Palleter, Llengua Valenciana Si, Critica Social, Llengua Valenciana Blogspot, SOM, Valéncia hui). Pero que ningu espere trobar-se una recopilacio monotematica de temes valencianistes. Josué Ferrer toca tots els pals imaginables i no deixa porrito en cap. Personages roïns, dels que no s'amaga de dir lo que ell pensa, com d'Aznar, Zaplana, Carod-Rovira, Rita Barberà, Joan Fuster o González Pons. Uns atres als que defen sense paliatius com a Chimo Lanuza,

Per a ofrenar noves glories a Valencia

Paco Caja o Mel Gibson. L'actualitat candent de ETA, la AVLL, Canal 9, l'Esglesia o Europa. Temes sempre polemics com l'abort, el catala en els coleges o l'ecologisme. I inclus events que en son dia foren molt sonats com Madrit 2012 o el centenari del *Quixot*. Per a tots i cadascu d'ells te Josué Ferrer les paraules justes.

Els articuls van fent un exhaustiu repas a l'actualitat de cada moment des del prisma del gran periodiste que es Josué Ferrer. L'utilisacio d'un llenguage proxim i sense pels en la llengua ajuda al llector a traslladar-se immediatament al moment historic en que va ser escrit cada articul. Pot ser que no estigam d'acort en les seues conclusions, a mi m'agrada mes Pelé que Maradona, pero lo que es segur es que no mos podrem quedar al marge, i en acabant de llegir cada articul mos trobarém a mosatros mateixos prenent partit junt o front a Josué Ferrer, pero mai indiferents. Algo que al polemiste que ell porta dins, segur que l'enchisa.

I tot aço, per supost, escrit en autentica llengua valenciana. L'unica que Josué, voste llector i yo reconeixem com a propia. Eixos atres experiments de llaboratori, per molt subvencionats que estiguen, no deixen de ser una llengua aliena que com diu Josué Ferrer en este mateix llibre "nomes interessa al catalanufos obsessionats per inventar i reescriure l'historia..."

Manuel Latorre i Castillo.
President del Grup d'Accio Valencianista.

Josué Ferrer

PREFACI PREFACI A LA PRIMERA EDICIO

"Es preferible morir de peu a viure agenollat".
Dolores Ibárruri, *Pasionaria* (política).

¿Hi haura en esta vida algu mes borinot que un judeu nazi, un negre mormo o un obrer de dretes? Si, un valencià catalaniste. Perque defen lo del veï en lloc de lo de sa casa i damunt es creu inteligent i progressiste. Yo, com a valencianiste que soc, sent un profunt dolor en el cor quan veig el vergonyant etnocidi al que les nostres autoritats someten al poble valencià. La substitucio llingüistica, cultural i el rentat de cervell que en les aules patixen els nostres fills des de la mes tendra infancia recorden a l'estalinisme mes totalitari, manipulador i cruel.

Als nostres chiquets, naixcuts en Valencia, se'ls educa no sols en que ells parlen catala sino inclus en que son catalans i que la seua nacio es diu països catalans. Tot en el vist i plau dels nostres governants i gracies a l'indiferencia del poble valencià, que ni llig, ni coneix ni ama la seua historia. Em console pensant que hui veem molts pobles orgullosos de la seua identitat (Irlanda, Flandes, Alemanya, Euskadi...) que fins fa molt poc adolien de la mateixa ignorancia, meninfotisme i complex d'inferioritat que patix hui el nostre maltractat Regne.

Islandesos, suecs, noruecs, feroesos, bielorrussos, ucranians, estonis, letons, lituans, checs, eslovacs, serbis, croats, bosniacs, montenegrins, venecians, luxemburguesos, armenis, pakistanis... Fins fa quatre dies a tots ells els deyen que parlaven un dialecte i hui tots ells disponen de llengües oficialment independents. Totes estes nacions han patit un proces de substitucio llingüistica que ha durat al voltant d'un segle (a voltes mes). Els valencianistes juguem una partida a llarc terme i cal recordar el lema de l'escritor Camilo José Cela: "El qui resistix, guanya".

Inclus l'aranes, abans considerat dialecte del catala *"per totes les Universitats del mon i qui diga lo contrari es un anticientific d'extrema dreta"*, hui es reconegut per la Generalitat Catalana com una llengua distinta del catala. Si els aranesos, que son quatre gats, han pogut triumfar ¿no podrem els valencians, els balears o els aragonesos que som molts mes? Diuen que "la fe es la certea de lo que s'espera, la conviccio de lo que no se veu" (Hebreus 11:1). Yo tinc una fe inquebrantable en que l'autentic idioma valencià tornarà a ser oficial algun dia.

Mentrimentres, seguire predicant en el desert. I ho faig negre sobre blanc perque no queda lo dit sino lo escrit, i en les Normes d'El Puig tradicionals, per fidelitat a cóm se varen publicar els texts originalment. Es este un volum recopilatori compost per cent articuls i un discurs que descriuen la descarnada realitat valenciana de principis de segle XXI. Un llibre que crec necessari per a la memoria historica i per a que les generacions futures sapien, en noms i llinages, qui va donar sa vida per Valencia i qui la va vendre per trenta monedes de plata.

Josué Ferrer.
Octubre de 2012.

CENT ARTICULS...

"Un valencià que es considera catala
es com un judeu admirador d'Adolf Hitler"
César Vidal (escritor, periodiste i erudit).

1) El Palleter. 20-4-2004.

SE'N VAN ELS FASCISTES DEL PP I TORNEN ELS LLADRES DEL PSOE.

Els resultats de les eleccions estatals del 14 de Març son eloqüents: el sociata José Luis Rodríguez Zapatero ha desbancat –en un gir sense precedents en l'historia de la pseudodemocracia espanyola– a un govern que tenía la majoria absoluta practicament assegurada a escassos dies dels comicis. Els atentats del 11-M i la posterior i vergonyant manipulacio mediatica que l'eixecutiu feu de la crisis, insistint per activa i per passiva en l'autoria de ETA i negant la mes que provable implicacio del terrorisme islamic, movilisà un electorat esquerrà tradicionalment abstencioniste que mes que votar a favor del PSOE eixerci un vot de castic contra el PP.

Pero no ha segut sols el 11-M. La botella ya estava que se n'eixia. Han segut huit anys de fascisme molt llarcs i durs. El *Prestige*, el decretas, les vaques folles, l'invasio de l'Iraq, la precarietat laboral, la carestia de la vida i la vivenda, les subvencions a la Fundacio Francisco Franco, el malestar general, la sumissio als Estats Units...

Ya anava sent hora de passar pagina. A partir d'ara tot sera *diferent*. Ya podem donar-li la benvinguda al deficit, la pujada d'imposts, el boicot al Pla Hidrologic Nacional (PHN) i al Tren d'Alta Velocitat (TAV), la sumissio a l'eix franc-alema, la corrupcio generalisada... Aixo si, hi ha una cosa en que tot continuarà igual que abans i es l'antivalencianisme. I es que eixa es una de les poques coses en que PP i PSOE si estan d'acort.

Per a ofrenar noves glories a Valencia

2) El Palleter. 22-4-2004.
AZNAR, EL NIXON ESPANYOL.
El president dels Estats Units Richard Nixon hague de dimitir per l'escandal del Watergate. En Espanya el ya ex-president José María Aznar s'ha convertit en el Nixon espanyol puix fon expulsat del poder pel poble en les urnes al descobrir-se un escandal encara mes gran que el Watergate: que Aznar menti sobre l'autoria del 11-M.

Clar, que *mireusté* no ha dimitit. I aço trenca l'analogia entre abdos antipresidents. Pero es que en un Estat bananer com Espanya de llarga tradicio caciquil en la que la gent es pensa que la democracia consistix en votar una volta cada quatre anys i en que la conjugacio del verp dimitir comença en la segona persona del singular, demanar-li a un politic que se'n vaja, encara que siga per una cosa tan greu, poster es massa demanar.

Charlot ha mentit, es cert. Pero no ha mentit perque ho diguen els rojos o la Cadena Ser. Aznar ha mentit perque aixina ho diu el govern d'Estats Units, tots els governs d'Europa, els servicis d'espionage estrangers, el director de l'Interpol i tota la prensa internacional. ¡Pero si fins i tot telefonejà als directors dels diaris estatals i als corresponsals estrangers per a *aconsellar-los* qué es lo que havien de publicar! ¡Igualet que en el Tercer Mon!

Aznar volia passar a l'historia com un gran estadiste de talla internacional, com un president que se n'anà per la porta gran, en les mans netes i els contes clars. Pero els llibres d'historia el recordaran per ser el Nixon espanyol, un home autoritari i prepotent, un manipulador que pergue unes eleccions que tenía guanyades per haver mentit als subdits espanyols i que degue aguantar que el poble es manifestara acusant-lo de falsari. Aznar, l'home que escopi en les tombes dels 200 cadavers del 11-M quan menti al dir que els havia matat ETA.

3) El Palleter. 23-4-2004.

LA PASSIO DE CRIST.

La passio de Crist, la polemica obra mestra de l'ultracatolic director de cine Mel Gibson, es un fabulos film. Gibson portava madurant este proyecte des de fa mes de dotze anys i es una aposta personal arriscada puix l'ha produit en diners de sa propia bojaca i està rodat en llati i en arameu (encara que te subtituls). La pelicula, que ningu volia distribuir, s'ha convertit en un espectacular exit de critica i de public. Se li acusa d'haver fet un film antisemita (aixo es com dir que *La llista de Schindler* es una pelicula antialemana) i violent (mes que violent es realiste, lo irreal es eixe Jesus galà d'ulls blaus que no patix dolor al que estavem acostumats fins ara).

Jesus supon el canvi del Deu iracunt i venjatiu de l'Antic Testament a un Deu redentor dispost a perdonar-nos els pecats quantes voltes calga i a salvar-nos a traves de la fe i l'arrepediment, un Deu capaç de sacrificar al seu propi fill per a salvar a l'humanitat. Hi ha qui pensa que el cristianisme es anacronic, obsolet. Res mes llunt de la realitat; quan veus l'odi del terrorisme islamic i etarra, el d'Estats Units que li declara la guerra a Iraq sols per a furtar-li el petroleu o l'opressio catalanoespanyolera sobre el poble valencià (que recorda a l'opressio romana sobre Israel) et dones conte de que el revolucionari mensage de Crist no ha segut entes encara hui.

Per a ofrenar noves glories a Valencia

El valencianisme deu apostar fermament pel cristianisme per a dotar-se d'una cohesio moral, etica i humana. Al cap i a la fi el nostre poble entrà en decadencia precisament per la falta de fe (en Deu i en ell mateix). Molts valencians pensen que no valem per a res, que som un poble inferior que nomes servix per a ser tutelat des de fora, que Valencia deu ser l'apendix de Catalunya o el d'Espanya perque som incapaços de fer res de bo per mosatros mateixos. Yo no estic d'acort. Crec que un dia els valencians forem molt gran i que si vullguerem podriem tornar a ser-ho. Hui mes que mai recobrem la fe en el poble valencià que es el nostre i en Deu.

4) El Palleter. 26-4-2004.

25 D'ABRIL: "¡GORA ETA, ETA VINE I MATA'LS!"

¿S'imaginen una manifestacio de ciutadans francesos en la Castellana clamant per l'anexio d'Espanya a mans de França? ¿S'imaginen que els marroquins es manifestaren en Ceuta i Melilla al crit de "¡Puta Espanya! ¡Ceuta i Melilla marroquines!"? ¿No, veritat? Una concentracio aixina mai sería tolerada per les autoritats espanyoles. Pero en Valencia tot cobra un matis diferent. Aixina es que cada 25 d'Abril cal aguantar que vinguen a insultar-nos a la nostra propia casa uns catalanofascistes malparits que diuen que la llengua valenciana no existix, que Valencia es una provincia de Catalunya, que catalans i valencians som *germans* pero l'aigua de l'Ebre es pert en la mar abans que cedir-nos una gota, que cremen les nostres Senyeres i que clamen que som catalans del sur.

Lo mes fort es que conten en el recolzament de l'esquerra (anti)valenciana (han assistit Josep Ignaci Pastor (PSPC),

Gloria Marcos (EUPC), Enric Morera (BNC), Joan Francesc Peris (Esquerra Verda), Toni Cucarella (ERPC), Toni Roderic (Els Verts), Josep Guia (PSAN) i Victor Baeta (Esquerra Catalana)), i en el silenci compliç i covart de la Generalitat, el PP i UV. Pero la gran estrela fon Carod-Rovira (ERC), el mateix que ha fet de Catalunya un protectorat de ETA i al que li importa un pet si els etarres assessinen a qualsevol dels tararots valencians que li fan el joc ad ell i els seus *Països Imaginaris*. Tot ben organisat per Eliseu Climent (ACPC), catalanufo que presumix de ser antisistema pero que viu de subvencions i de parar la ma.

Per sort, a la manifestacio nomes participen quatre gats que caben tots en un taxi i encara sobra puesto. Sols 3.000 assistents segons la policia. I d'eixos, tres quartes parts han vingut en autobusos noliejats des de Catalunya. Pero no es tracta de ser pocs o molts. ¿Per qué hem d'aguantar la cremada de Senyeres Valencianes, els cantics de "blavero bo, el blavero mort", la destrossa de mobiliari urba, les pintades i els tipics brams de "¡Gora ETA, ETA vine i mata'ls!"? Els tribunals han demostrat que els pancatalanufos son els tontos utils que donen soport llogistic a ETA en Valencia. No entenc cóm si la lluita contra el terrorisme es la prioritat numero u de la nacio, es consentixen manifestacions com esta. Alli hi havien mes filoterroristes i colaboradors de ETA per m^2 que mai.

5) El Palleter. 29-4-2004.

CAROD-ROVIRA, L'AMIC DE ETA.

Senyor Carod, per favor, diga-li als seus amics que no em maten. Si ho preferix, li ho demane en catala. I si vol, li balle una sardana i tot. Lo que voste vullga pero que els seus amics de ETA no em maten. Yo no vaig a ser qui clame al cel perque algu es reunixca a parlar en una banda terrorista. Que el dialec es bo i al cap i a la fi UCD, PSOE, PP i PNV s'han trobat en secret alguna volta en ETA. I no passa res. Lo que es del tot immoral es que Carod li demane a ETA que no assessine en Catalunya i que no li importe que ho faça fora d'ella.

Carod no ha confessat de quin tema parlà en França, pero si tenim en conte que al cap d'un mes de la reunio en ETA, la banda assessina declarà una treva nomes per a Catalunya i que Carod ya havia demanat aixo mateix per escrit fa anys, pareix estar ben claret. Dic yo que no quedaria en els bochins per a parlar de futbol ni per a fer-se unes palles tots junts en un dia d'ardor nacionaliste. ¿Vos imagineu a l'etarra Mikel Antza imitant a Torrente: "¡*Venga, Carod, vamos a hacernos juntos unas pajillas!*"? Carod i ETA son bons amics... ¡Pero no tant!

Si ETA assessina en Arago, Valencia o Balears ¿està tot be? ¿Pero no diu Carod que som catalans? ¿O per a aço no? M'es igual que agarre per l'ouera al president catala, Pasqual *Margall* (sense a). Un autentic democrata li haguera demanat a ETA que no matara. I punt. Ni en Catalunya ni en cap atre lloc. Carod demostra sa condicio de bestia inhumana al evidenciar que no li importa que assessinen a un "charnego" quan precisament son pare es u d'ells. Carod, t'ofrene el mes profunt dels meus desprecis. No eres un ser huma. Eres pura escoria nazi.

6) El Palleter. 1-5-2004.

PER A OFRENAR NOVES GLORIES A ESPANYA.

La semana passada es produi un fet capital. La Seleccio Valenciana de Pilota es proclamà campeona del mon en la modalitat de Llargues en el Mundial 2004 d'Alba i Imperia (Italia). El restant d'ors han segut per a Mexic (en Fronto) i per a l'anfitriona Italia (en Joc Internacional i en Pallapugno). Encara que no hem estat al nivell d'uns anteriors campeonats, cal estar satisfets puix hem conquistat el titul de Llargues –prova reina– per quinta edicio consecutiva. Pero Punt Dos no ha retransmes les partides en directe i l'informacio sobre el tema en els diaris i radios valencians ha segut molt marginal. La qüestio es que som campeons del mon ¡i la gent ni ho sap!

La Seleccio es campeona del Cinc Nacions, l'Europeu, el Mundial... Campeona de tot. Els valencians som a la pilota lo que Brasil al futbol. Pero a pesar de tot, ni tan sols tenim dret de disputar els tornejos baix el nom del nostre païs –Valencia– sino que anem representant oficialment a l'Estat Espanyol. I ho fem a pesar de que la pilota valenciana no es juga en cap atra autonomia mes de l'Estat a banda de Valencia. A pesar de que tots els integrants de la Seleccio son valencians. A pesar de que, i aço es lo mes fort de tot, la Federacio Espanyola de Pilota desprecià les regles de la pilota valenciana per a jugar en Espanya i tan sols acceptà com a valides les de la pilota vasca (quan la modalitat valenciana es moltissim mes antiga que la dels vascs). A pesar de que s'hague de crear una Federacio de Pilota Valenciana al marge de l'espanyola per a poder jugar en el nostre propi païs ¡perque ni aixo podiem fer! ¡Puix a pesar de tot, li ofrenem els tituls a Espanya! ¡Aixina de fort, aixina de cruel!

Per a ofrenar noves glories a Valencia

¿Qué li anem a fer? Els valencians som aixina. No mos espavilem. Rebem galtades per part d'Espanya i dels espanyols tots els dies de la semana totes les semanes de l'any, pero aixina i tot mos agrada ofrenar noves glories a un Estat que passa de mosatros com de la merda. Aci la Seleccio Valenciana de Pilota no tira, per molt campeona del mon que siga. Aci lo unic que emociona a la gent es la Seleccio Espanyola de futbol, eixa de la que diuen tots els anys que es maxima favorita per a conquistar la Copa del Mon i que sempre torna cap a casa en els quarts de final en acabant de ser humiliada per grans potencies futbolistiques de la talla de Corea del Sur.

7) El Palleter. 3-5-2004.
EL SEGON PACTE DEL POLLASTRE.
El Segon Pacte del Pollastre es l'acort entre PP i UV per a que UV no es presentara a les eleccions estatals a canvi de que els unionistes Josep Maria Chiquillo i Valer Eustaquio concorregueren com a *independents* en les llistes del PP al Senat, en lo que podriem denominar transfuguisme llegal. Este Pacte del Pollastre es dugue a terme en els comicis de 2004 a pesar de que el 89% dels compromissaris unionistes votà a favor de que UV es presentara en solitari a les eleccions del 14-M. En aço els panchacontents de Chiqui i Valer conseguixen un sou –que es lo que sempre han buscat– a canvi de l'absorcio de UV a mans del PP, que per fi podria aglutinar a totes les dretes del país, des de la moderada a l'ultradreta, passant, ara també, per la regionalista.

¿I de qué es queixen ara? UV mai fon un partit democratic. De fet, tan sols els compromissaris tenen dret a vot *en representacio* dels militants que no poden votar sino de forma indirecta en una formula que recorda al caciquisme del sigle XIX. Aixina que ningu clame al cel si la cupula directiva es passa pels collons la decisio dels compromissaris. Que si es tracta de jugar a ser cacics, el president unioniste Juli Chanzà es u de soca i arrel. UV mai fon un partit valencianiste. Nomes es un apendix de la dreta espanyolera del PP. El servilisme i la sumissio al PP han segut maxims tota la vida. Tal es aixina que la gent pensa: "¿Votar a UV? ¿Per a qué? Per a que li done el meu vot al PP, millor vote directament al PP..." Esta espiral d'autodestruccio arranca en 1991.

UV està morta i enterrada, representa una dreta cavernicola, fa olor a naftalina i s'ha venut al PP a preu de saldo. Pero lo mes divertit de l'assunt es que este nou Pacte del Pollastre no dona fruits (per als peperos). Els votants de UV no han passat a recolzar al PP –que de fet ha baixat en vots en Valencia– ni tampoc al PSOE (a pesar que son creiximent ho puga fer pensar). Si el PSOE ha creixcut es gracies a eixos esquerrans mes critics que tradicionalment es refugien en l'abstencio pero que enguany s'han movilisat per a castigar al PP en motiu dels atroços atentats del 11-M. Per contra, els votants de UV han passat a l'abstencio, lo que mostra la necessitat real d'un gran partit valencianiste que cobrixca eixe sector de l'electorat que no aten ni BNC ni UV.

8) El Palleter. 5-5-2004.
FELACIONS A SIS EUROS.
¡Unio Valenciana (UV) està en venda! ¡Son les rebaixes! ¡Aprofiten senyors per emportar-se lo que vullguen! ¡Tot a

Per a ofrenar noves glories a Valencia

un euro! ¡L'escritori, un euro! ¡Aquell despaig, per un euro!
¡La seu local, per un euro! ¡La dignitat per sols un euro! Diu
un amic meu que si ell fora dona sería una puta. "¡Pero una
de les de lux ¿eh?, que mamant-la per 6€ no vas a cap de
lloc!" –aclarix el tros d'animal–. En la cupula de UV hi ha
molta puta, pero de les de 6€. Ya ho demostrà l'orangutanot
del secretari general de UV, Valer Eustaquio, quan feu el
"Pacte de la Dipu", pel que UV recolzà al PP en la Diputacio
de Valencia a canvi d'un salari per a Eustaquio, qui passaria
aixina a eixercir el flamant control de la fotocopiadora. "¡Per
a omplir la Diputacio de mes valenciania encara, si cap!"
–afirmà Eustaquio, referint-se al pacte en la dreta
espanyolera del PP–. Lo dit, tot completet per tan sols 6€.

Independentment de que el llector simpatise o no en UV i
lo que representa, no em negarà lo trist i lo patetic de la
debacle d'un grup que es un cadaver picotejat pels buitres.
Un partit com UV que arribà a ser el tercer de la nacio, ara es
troba a la venda, a preu de saldo, per practicament una
almoina. ¡Qué patetic vore als seus dirigents suplicant un
puesto en les files del PP (Josep María Chiquillo, Valer
Eustaquio, Juli Chanzà...) o del BNC (Héctor Villalba,
Lorena Ferrandis, Davit Marchuet...), els mateixos partits
que han fet tot lo possible per afonar UV! Tots ells estan tan
morts de fam que recorden a l'autor Manuel Sanchis
Guarner, qui sent valencianiste de sempre (defensor d'una
llengua valenciana i balear independents) en els anys xixanta
passà a ser catalanufo per un premi que li donaren. ¡Es
vengue per un plat de fesols! ¡Mira si estava mort de fam!

¡Tot lo mon a terra, que venen els nostres! –esta es la
situacio que viu UV–. Els caps unionistes estan entregant-se
al PP i desmantellant UV per un entrepa de mortadela. El
50% dels afiliats s'ha donat de baixa. I a aquells que com

l'ortodox Joan Culla s'atrevixen a denunciar la corrupcio de la directiva puix se'ls expulsa i punt. Pero de poc els valdra la seua traïcio a estes putes de 6€. Joan Culla, en el lletrat Joan García Sentandreu, ha denunciat a Chanzà i Eustaquio front a la Justicia, els juges acosen –ab l'Estat de dret– als cacics, l'acort PP-UV podria ser anulat per no haver respectat el Consell Nacional la decisio dels compromissaris i el Segon Pacte del Pollastre no dona els seus fruits perque no s'ha produit l'esperada fuga de vots de UV al PP, lo que evidencia la necessitat de construir un gran partit valencianiste que cobrixca l'espai que no cobrix ni BNC ni UV.

9) El Palleter. 7-5-2004.

AMNESIES D'ESPANYA.

La serie *Memories d'Espanya* de TVE –un conjunt de documentals que preten cada semana mostrar l'historia de l'Estat– es un total frau. Per a començar mos parla de *l'historia d'Espanya* inclus abans de que esta existira, com si Espanya fora una realitat mes alla del temps i de l'espai. Aixina veus per eixemple que ibers, romans, al-andalusis o valencians (quatre pobles que existixen previament al d'Espanya) no eren ni ibers ni romans ni al–andalusis ni valencians com podriem pensar, sino espanyols encara que aixo no ho saberen ni ells.

En estes falsejadissimes memories es tracta de borrar el Regne de Valencia del passat. S'oculta qualsevol cosa que puga eclipsar l'historia de Catalunya i es destaca i exagera qualsevol merit dels comtats precatalans. Per al programa l'idioma valencià i balear mai existiren (encara que se citen

Per a ofrenar noves glories a Valencia

llengües minoritaries com el bable), ni el Segle d'Or de les Lletres Valencianes, i autors com Ausias March i Joanot Martorell escrivien en catala, a pesar de que ells mateixos deixaren escrit del seu propi puny i lletra que escrivien en valencià. Molt fort.

L'expansio cultural, comercial i economica del Regne de Valencia entre 1200 i 1500 no existi mai. La repoblacio es dugue a terme exclusivament per castellans, aragonesos i catalans (sorprenent si tenim en conte que Catalunya no existia i que els comtats precatalans (Barcelona, Girona...) no son lo mateix que Catalunya). En la repoblacio no participaren, segons el programa, gent d'unes atres nacions. ¿Qué dirien els meus antepassats escocesos, els del clan Ferrer, que vingueren durant la Reconquista i escamparen el seu llinage per tot el països?

Memories d'Espanya diu que son els catalans els qui lluiten en Sicilia per a ampliar els territoris de la Confederacio Catalano-Aragonesa (que no Regne d'Arago). Els aragonesos i valencians que lluitaren alli no conten. Quan el Port de Valencia era superior al de Barcelona silenci total, pero es destaca quan es al reves. ¡Ah! ¡Ultima hora! ¡El *Llibre del Consolat de Mar* es redactà en Barcelona! Etc., etc., etc. Si despres de tot lo que els valencians hem fet per l'Estat, estes son les memories d'Espanya, no vullc ser yo el qui forme part d'ella.

10) El Palleter. 10-5-2004.
L'ATRE MILACRE ECONOMIC ESPANYOL.
Els ultims huit anys de govern del PP en Espanya s'han caracterisat per un auge economic notable, tal es aixina que

la prensa anglosaxona –sorpresa ella– batejà el fenomen com "milacre economic espanyol". El paro ha baixat d'un 20% a un 9%, s'ha batut l'historica sifra de setze millons de cotisants a la Seguritat Social, els resultats economics de les multinacionals i els bancs han superat totes les expectatives, Espanya s'ha convertit en una semipotencia economica que competix en Canada per entrar en el G-8 i quasi s'ha conseguit el deficit zero.

Tot aço es veritat pero nomes es mija veritat. Anem a completar en l'atra mija. Per a crear puestos de treball s'han rebaixat els salaris d'una generacio a la següent fins en un 50%. Cada any el sou d'un treballador puja un 2% i el preu de la vivenda el 20%. Com a nivell municipal la corrupcio es generalisada (comparable a la d'America Llatina) molts alcaldes es pugen el salari un 100% nomes arribar al poder pero despres prediquen les bondats de la moderacio salarial per a creixer. Els espanyols de 18-35 anys cobren uns 600-700€ al mes (cal 1.200€ per a viure en dignitat, per baix dels 900€ n'eres oficialment pobre i el salari minim interprofessional es d'uns 450€). Si tens un contracte temporal cobres un 50% menys que algu que te un contracte fix per fer la mateixa faena (el 90% dels contractes son temporals i alguns son de dies o d'hores). Les dones cobren un 25% menys que els varons per igual treball. Espanya te una de les tases de sinistralitat laboral mes altes de la UE.

El deute de les families ha aumentat a mida que ha disminuit el de l'Estat. El 60% de les families no arriba a final de mes, un jove d'entre 18-35 anys destina el 60% del seu salari a pagar l'hipoteca del pis. Si te de 18 a 25 anys llavors destinaria el 91%. Els bancs informen de que el maxim llimit que es pot soportar es el 30% del sou. En Espanya una vivenda (normaleta) de 120.000€ es *barata*. En

Per a ofrenar noves glories a Valencia

alguns puestos et demanen mes del doble. Espanya es l'Estat en la natalitat mes baixa del mon (un fill per parella) i a on mes tart s'independisen els jovens (en mes de 30 anys i tan sols si tens una parella estable). No es compatibilisen els horaris laborals i la vida familiar, i quedar-te embarasada sol ser un motiu de despediment o de no renovacio del contracte encara hui.

Hui estudiar cinc anys una carrera en la Facultat val per a guanyar 600€ al mes. Un amic meu, mege, percep als seus vora 30 anys 700€ al mes. Un atre amic, quimic, cobra menys que sa germana que ven borles en el cine. Els mijos i els politics diuen que mos acostumem, que lo del treball per a tota la vida s'ha acabat, que aço es el futur (pero ells tenen sous millonaris). En un panorama aixina l'autentic milacre economic espanyol es el de qui paga l'hipoteca, les despeses del dia a dia, cria un fill i encara te l'heroïcitat i l'audacia d'arribar a final de mes.

11) El Palleter. 19-5-2004.
DE LA REGENERACIO DEMOCRATICA I EL NOU TALANT.

¿Se'n recorden del president espanyol Felipe González? ¿Se'n recorden d'allo de "OTAN, d'entrada no", els 800.000 puestos de treball que anava a crear i el cent anys d'honradea? Al final Espanya acabà ingressant en l'aliança atlantista, patint una desocupacio de mes de tres millons de parats i la major orgia de corrupcio des de l'inici de la pseudodemocracia espanyola en 1975. A nivell de Valencia, els sociates mos impongueren el catala en 1983 i sumiren al nostre països en una llarga, angoixosa i continuada decadencia durant mes de deu anys.

Despres li aplegà el torn a José María Aznar. Front al caos heretat dels sociates, *bigotes* va prometre una "regeneracio democratica"; ell ho explicaria tot en el Parlament, crearia unes comissions d'investigacio quan li ho demanaren les Corts o l'oposicio i governaria per a tots. O aixo deya. Al final *mireusté* ni es molestava en compareixer en el Parlament, de les comissions d'investigacio no saberem mai res mes, i acabarem enrolats tots en una guerra contra Iraq en l'oposicio del 90% del poble. El PP valencià oficialisà el catala en el nostre països.

Huit anys de fascisme mes tart, ha arribat al poder per pura carambola José Luis Rodríguez Zapatero. A lo llarc de tota la campanya ha insistit mils de voltes en que ell tindria un "nou talant", un atre estil de governar, que el poder no el canviaria, que ho faria tot en consens i dialec. La qüestio es que sa primera decisio –la retirada de tropes d'Iraq– fon presa sense ni tan sols consultar-li al Parlament. I ya ha anunciat que paralisarà el PHN via decret. No fa ni quatre dies que està en el poder i ya te el mateix bigot de facha que Aznar. Este talant no es nou.

No puc evitar fer una caraça d'oix i de repugnancia quan veig un politic espanyol. Es com si una panderola passara per davant de mi. No es tracta de dretes ni d'esquerres... ¿No vos doneu conte de que tots son iguals? ¿No vos doneu conte de que son uns cacics? No espereu res bo d'Espanya ni dels espanyols. No confieu mai en ells. Espanya nomes veu en Valencia una puta moneda de canvi. Sols quan els valencians tingam un partit valencianiste fort en Espanya i en Europa, els espanyols deixaran de riure's en la nostra cara i de prendre'ns el pel.

Per a ofrenar noves glories a Valencia

12) El Palleter. 30-5-2004.
CARTA OBERTA A CHIMO LANUZA.
Benvolgut Chimo:

Se be que estas cremat, que s'han portat malament en tu. Son molts anys de lluita i pocs els fruits collits. Pero ya saps que la del valencianisme es una guerra llarga, en la que cal molta paciencia. "Treballar, persistir, esperar". Este lema acunyat per eixe gran bibliofil i prohome que fon Nicolau Primitiu ha esdevingut en el de tot el valencianisme. T'has entregat en cos i anima a ta patria. Has escrit llibres fabulosos que han desmontat les mentires del catalanofascisme, que han obligat a pensar, que han desfet molts rentats de cervell. I aixo et fa gran.

¿I cóm t'ho han pagat? Molt mal, ho se. Has hagut d'aguantar que et tildaren de venut pels qui s'han venut al PP, que t'acusaren de lladre els qui usaren la politica per a lucrar-se, de radical els qui caminen per terceres vies que no conduixen a cap lloc. "Aci n'hi ha molta puta i molt de fill de puta", que escrigue el poeta Miquel Hernández. Pero recorda lo que deya Winston Churchill: "Les grans nacions son desagraides". I lo que deya John Fitzgerald Kennedy: "No penses en lo que el teu païs pot fer per tu sino en lo que tu pots fer pel teu païs".

I sobretot tin present que la gent valencianista –la bona, la de veritat– et vol. No has de demostrar res a ningu. Son moltes les vegades que t'has sacrificat per Valencia. Pero, aixina i tot, he de demanar-te un sacrifici mes. I es el de que encapçales un partit nacionaliste valencià i de progrés que plante cara al catalanoespanyolisme, un partit que ilusione a tots eixos jovens que usen un llinage, el teu llinage, per a definir-se a si mateixos. No els pots defraudar, Chimo. No pots. Has segut i eres un eixemple per a molta gent. ¡Torna a ser-ho una volta mes!

Se que pots tindre dubtes, indecisions... Al cap i a la fi, dubtar es huma. Pero tin molt en conte que la gent et vol, Chimo. ¿Acas no sents una ma invisible que es posa sobre el teu muscle i et diu: "Avant. No tingues por, no estas a soles. Estem esperant a que dones el pas"? Necessitem a algu que encapçale el nacionalisme valencià per a combatre a tota eixa banda de fascistes i de fills de puta, eixos saquejadors que es repartixen com a buitres el nostre païs. Et volem, et llegim, et respectem i t'admirem. I a partir d'ara tambe volem votar-te.

13) El Palleter. 6-6-2004.

EL CREPUSCUL DE ZAPLANA.

No se si l'amic llector haura vist *El crepuscul dels deus* de Billy Wilder. Es un classic de Hollywood que mos relata l'historia d'una diva del cine mut que entra en decadencia en l'arribada del cine sonor, pero que està tan trastornada que no veu que ya no es l'actriu estelar d'abans i que ara es sols una vella gloria que ya no conta per a ningu. Els seus amics decidixen seguir-li la corrent i li fan creure que encara es la millor del mon.

U, quan veu la trayectoria politica de l'ex-president de la Generalitat, Eduardo Zaplana, no pot deixar de recordar l'obra mestra de Wilder. Zaplana era un deu en Valencia. Confessà "estar en la politica per a forrar-se" i un millo de valencians li donà la majoria absoluta com a premi. ¡Vixca l'ignorancia! Monopolisà RTTV, triturà UV i PSPC i a pesar

Per a ofrenar noves glories a Valencia

d'oficialisar el catala es feu passar per valencianiste. L'actor del segle. ¡Un geni, tu!

Pero Edu volia mes, i el chic de provincies decidi anar-se'n a Madrit a provar sort. Abandonà la Generalitat (¿qué importen els valencians?) i acceptà el carrec de ministre de Treball i Assunts Socials i el de portaveu del Govern. I quí sap si podia aspirar a mes... Potser a la vicepresidencia... O inclus la presidencia ¿per qué no? Al cap i a la fi, *mireusté* encara no havia designat un successor i ¿per qué no podria ser ell? Somiar no costava res.

Pero el 11-M el despullà de sa divinitat. Ara patix fret en l'oposicio. I el seu galfi en Valencia, Paco Camps, no resultà l'home de palla que aparentava. Zaplana anhelava ser candidat a la Generalitat en 2007 (¿i quí no? ¡El valencià es el poble docil i indolent que tot dictador desijaria!). No pogue ser. Fa poc pergue la presidencia del PP valencià. Ta bona fortuna i carrera ascendent han passat a millor vida. T'acompanye en el sentiment, Edu.

14) El Palleter. 6-6-2004.
¿QUÍN ES EL RESULTAT D'INOCULAR EL CATALA EN LES ESCOLES VALENCIANES? (1 / 2)

Tots els estudis i totes les estadistiques ho confirmen: l'us del valencià està caent en picat. El descens de l'us real de la llengua nacional dels valencians es realment espectacular i alarmant. U dels ultims estudis ha vingut a carrec de l'Academia de Zaplana (AZ) que recentment ha publicat unes sifres ben aborronadores: des de l'any 1995 els valencians que entenen el valencià han descendit en un 13% i els que ho utilisen en casa en un 30%. A aixo se li hauria de sumar la trayectoria descendent que portava el valencià abans ya de 1995.

¿A qué es pot deure tot aço? En part a l'immigracio, cada volta mes numerosa. Pero aixina i tot, este no es un factor que puga explicar un descens tan brusc de l'us en les domicilis com es eixe brutal 30%. En la meua opinio este es el resultat de posar catala en les escoles, de fer estudiar als nostres chiquets un idioma estranger en el que no s'identifiquen i que acaben abandonant per a engrossar el jagant espanyol. Estos son els fruits de 25 anys de *subnormalització* llingüistica, d'ensenyar el catala en els coleges ab l'eufemisme de "valencià".

Es curios lo que ocorre en les escoles: els jovens estudien l'assignatura de "valencià" (catala) com qui estudia angles o frances, es dir, com un idioma foraneu mes. Estudien catala per a fer unes oposicions o per a tindre una llinia mes en el curriculum, pero despres no ho usen en el dia a dia puix no ho identifiquen en el valencià en que els parlen els seus pares. Yo domine l'angles correctament pero no per aixo vaig a parlar en angles en la meua familia, en els meus amics o en la meua novia. Ni vaig a preguntar en angles quant costa una barra de pa.

Una chica de la Facultat, valenciana de les comarques del sur, valenciaparlant i filla de valenciaparlants, em digue un dia: "El valencià este es molt rar, es com si fora un idioma estranger, com si estudiarem vasc o algo aixina". Es referia a l'assignatura de "valencià" (ella ignorava que era catala). Per increible que puga pareixer, els estudiants hispanoparlants trauen millors notes en l'assignatura de "valencià" (catala) que els alumnes valenciaparlants, que troben dificultats per a aprovar l'examen d'un idioma que no es el que parlen en la seua casa.

Per a ofrenar noves glories a Valencia

Pero despres els hispanoparlants continuaran usant l'espanyol mentres que els valenciaparlants es dividixen entre els qui continuen en el valencià oral dels seus pares i els qui es passen a l'espanyol, unica llengua escolar que senten com a propia, ya que ni s'identifiquen en el catala ni en l'angles. I es que el 90% dels valencians pensa que el valencià es una llengua independent i distinta del catala. I si no, fem un referendum i eixim de dubtes. Pero aixo millor que no ¿veritat?, no siga que el gueto catalanufo el perga per dotze gols a zero.

15) El Palleter. 6-6-2004.
¿QUÍN ES EL RESULTAT D'INOCULAR EL CATALA EN LES ESCOLES VALENCIANES? (2 / 2)
Aixo de que la reivindicacio d'una llengua valenciana independent es un invent de la dreta espanyolera per a impedir la recuperacio del valencià ya no cola. Sobretot si tenim en conte que José María Aznar "parla catala en l'intimitat", que precisament la dreta espanyolera (*Partido Popular*) ha fet oficial el catala en Valencia, creat l'Academia de Zaplana (AZ) i obert mes llinies en "valencià" (catala) que el regim sociata de Joan Lerma. ¿I quín es el resultat? L'us del valencià ha caigut un 30% des de 1995, segons un estudi de la AZ.

A la puta dreta espanyolera li interessa posar el catala en Valencia per a espanyolisar-la i que no es recupere el valencià. El *Partido Popular* pensa: "Fiquem el catala en les escoles valencianes, aixina els jovens valencians voran que es un idioma estrany i ho estudiaran com qui estudia matematiques: una volta aprovat l'examen ya no ho usaran mai mes. En la practica els valencians seran monolingües (espanyols) i Valencia un gran bastio de l'espanyolisme a on mai podra quallar un quart nacionalisme que poguera desestabilisar definitivament l'Estat".

Donar catala en les escoles obliga als jovens a passar-se a l'espanyol. Un companyer de Facultat estudià en l'institut en llinia en "valencià" (catala). Hui parla sempre en espanyol. Es diu "efecte bumerang". La gent no s'identifica en els *aquest, mirall, robatori, amb, clatell* del professor pero si en els este, espill, furt, en, bascoll de la gent real. No parle ya de les Normes del 32; una ortografia barcelonina ella i extremadament complicada que impossibilita l'us generalisat del "valencià" (catala). Es esta una ortografia del segle XV feta en el segle XX.

Potser aumente l'"us virtual" del "valencià" (catala): el que diu que ara hi ha mes rotuls en catala o que els jovens es trauen titulets per la Junta Qualificadora que despres mai mes tornaran a usar. Pero tots sabem que l'us real del valencià recula perillosament des de fa 25 anys. Nomes si es dona en les escoles un idioma valencià independent que de veritat siga el que parla el poble, farem cami. Si no, dins de cent anys el valencià nomes sera un fossil residual com el lleones, idioma majoritari de Lleo a principi del segle XX i proxim a l'extincio hui.

Per desgracia, cada dia som mes espanyols i menys valencians. Aquells que somiaven en els *Països Imaginaris* que s'hi vagen oblidant; gracies precisament al seu delirant imperialisme pancatalanufo els valencians mos precipitem cap als Països Castellans. I anem en turbo i l'accelerador chafat al maxim. El "valencià" es cada dia mes una llengua estrangera i peregrina per als propis valencians. Seguim aixina, i dins de 50 anys hi hauran tres Castelles a l'Estat;

Per a ofrenar noves glories a Valencia

Castella-Lleo, Castella-La Mancha i la Castella Valenciana, es clar.

16) El Palleter. 8-6-2004.
ZAPATITOS, UN NINOT PER A LA FOGUERA.
El nou president d'Espanya, José Luis Rodríguez Zapatero, es un home tocat per la fortuna. Es presentà a les primaries del PSOE i contra tot pronostic les acabà guanyant en detriment del maxim favorit, José Bono. A ultima hora es produi una fuga de vots de la candidatura guerrista de Matilde Fernández cap a *zapatitos*. Tot siga perque no ixca el dretos de Bono. En les eleccions estatals 2004 es repeti l'historia: un imprevist d'ultima hora (els atentats del 11-M) permete la carambola: ¡*zapatitos* president! Un triumf que no esperava ni ell.

S'ha presentat a dos eleccions i les dos les ha guanyades a la primera. Ara be, una cosa es que la tombola de la vida t'acabe espentant a governar un Estat i una atra cosa molt distinta es saber governar-lo... A lo llarc de tota la campanya hem vist a *zapatitos* com un home sense espenta ni caracter i que es contradia ell a soles. La crisis del tripartit catala, en que Pasqual Maragall demostrà manar mes que *zapatitos*, i Carod-Rovira mes que abdos junts, a punt estigue de convertir-lo en cadaver politic. Pero una atra volta la fortuna tocà a la porta un 11 de Març.

El PSOE cada dia pensava una cosa distinta. Sobre el PHN, els sociates estaven en contra en Catalunya, Arago i Valencia, a favor en La Mancha, Murcia i Andalusia i *zapatitos* no sap, no contesta. Un dia et parlava de que baixaria mes els imposts i al sandema prometia una educacio publica de lux. Igual el PSOE presumia de l'Espanya plural i al poc eixia el president d'Extremadura, Juan Carlos Rodríguez Ibarra, reclamant el desterro dels partits nacionalistes del Parlament Espanyol i el retorn al bipartidisme de la Restauracio, etc.

Ya en el govern tot seguix igual. Es promet 180.000 noves vivendes. Despres resulta que de vivendes res, que eren 180.000 "actuacions" o "solucions habitacionals". Un dia Josep Borrell diu adeu al deficit zero i acte seguit Pere Solbes li contradiu. El PSOE autorisa al Parlament que les seleccions autonomiques disputen tornejos internacionals i al sandema *Bambi* aclarix que seran competicions no oficials... Es tanta l'inutilitat i les hipoteques que els malabaristes de l'interpretacio del PSOE fan de l'improvisacio la seua millor i unica arma.

Diuen –i es una veritat– que en eixe país veï nomenat Espanya quan mes inutil i mes incompetent es una persona, mes possibilitats te d'arribar llunt en la vida. I l'amic *zapatitos* es la prova vivent d'este apotegma. Sera francament divertit vore els proxims quatre anys a *zapatitos* tractant de governar tot un Estat quan ni tan sols pot governar el seu partit, o dur a la practica un programa electoral dissenyat des de i per a l'oposicio. Zapatero va pegant bacs. Es un ninot com el de les Fogueres de Sant Joan. I no sere yo qui l'indulte. ¡Foc en ell!

17) El Palleter. 28-6-2004.

A LA MEMORIA DE JOAN FUSTER.

Tots els morts mereixen respecte. Ara be, no tots mereixen el mateix grau de respecte, igual que ocorre en els

Per a ofrenar noves glories a Valencia

vius. Yo mai m'alegrare de que una persona muiga. Mes be al contrari. Pero hi ha casos excepcionals en els que una mort representa per a mi un motiu d'alegria, no per la mort en si –que aixo mai m'alegra– sino mes be pel descans que determinades morts deixen entre aquells que permaneixen vius –que aixo si m'alegra–. En est aspecte m'alegre de la mort d'Adolf Hitler, Benito Mussolini, Francisco Franco o Josip Stalin. Igual que m'alegraré quan muiguen Augusto Pinochet o Fidel Castro (entre uns atres). Enguany es complixen dotze anys des de que faltà Joan Fuster, alla per 1992. Es una bona excusa per a dedicar un poema a la memoria del mort.

Titul: OBITUARI EN HURRES.
Autor: Mario Benedetti.
Font: Nocio de patria.
Traduccio: Ferrer.

Anem a festejar-ho
vinguen tots
els inocents
els damnificats
els que criden de nit
els que somien de dia
els que patixen el cos
els que estagen fantasmes
els que chafen descalços
els que blasfemen i ardixen
els pobres congelats
els que volen a algu

Josué Ferrer

els que mai s'obliden
anem a festejar-ho
el crapula s'ha mort
s'acabà l'anima negra
el lladre
el gorri
s'acabà per a sempre

hurra

que vinguen tots
anem a festejar-ho
a no dir
la mort
sempre ho borra tot
tot ho purifica
qualsevol dia
la mort
no borra res
queden
sempre les cicatrius

hurra

mori el creti
anem a festejar-ho
a no plorar de vici
que ploren els seus iguals
i que s'engolixquen les seues llagrimes
s'acabà el monstruo procer
s'acabà per a sempre
anem a festejar-ho

Per a ofrenar noves glories a Valencia

a no posar-nos tebeus
a no creure que este
es un mort qualsevol
anem a festejar-ho
a no tornar-nos fluixos
a no oblidar que este
es un mort de merda.

18) El Palleter. 19-7-2004.

CANAL NUEVE, LA TELEVISIÓN DE ZAPLANA.

Si el president de la Diputacio de Castello, el pepero Carles Fabra, governa les comarques del nort com si foren el seu mas particular, no podem dir menys de l'us messianic que l'ex-president de la Generalitat, Eduardo Zaplana, fa de la televisio publica valenciana. Esta televisio rendix verdadera idolatria al murcià, el trau mes voltes que a qualsevol politic de Valencia, fins i tot mes que a Paco Camps, l'actual president. Mes que Canal Nou, Televisio Valenciana, podriem dir-li el *Canal Nueve, la Televisión de Zaplana*, em pareix a mi.

Diu un estudi que els informatius del *Canal Nueve*, son –de tot l'Estat– els que mes li fan la pilota al govern. De fet, el 50% de les noticies emeses ixen del gabinet de prensa del *Partido Popular* (PP). La pluralitat no es que abunde massa: als sociates els trauen molt poc, unionistes i bloqueros no tenen dret a existir per estar fora de les Corts i pel que fa a Esquerra Unida (EU) ix de milacre pero ix. Casualment a Zaplana el trauen sempre pel seu perfil bo, i a l'oposicio just en el moment mes inoportu: per eixemple quan s'estan furgant el nas.

50

Els informatius es fan en un catala ininteligible i ortopedic en tot tipo d'animalades a l'estil de *robatori* (furt), *nado* (bebe), *madera* (fusta), etc. Es una barreja de valencià, catala i espanyol que fa por. Es per aixo que molts batejaren al Canal Nou com *Canal Noi*. Sols has de sentir este NO-DO diari per a descobrir per qué. Ni cal dir que en els noticiers les manifestacions no existixen a menys, clar està, que li siguen favorables al PP. El restant de la programacio es practicament tota en espanyol, per a que no se'ns oblide qui mana realment aci.

A pesar de que els continguts son un fem supercomercial, el *Canal Nueve* te cada volta menys audiencia i mes deficit. Els seus programes de famosos (que els fan a tota hora) inciten a la prostitucio ya que la mostren com algo divertit i com el cami per a *triumfar* en la vida, molt especialment *Tombola*. Un chiquet arriba del colege a les cinc i mija de la vesprada i pot trobar-se en una tertulia sobre el tamany del pene d'un famos o en una entrevista a una chica el tema de conversa del qual orbita en torn a una felacio. Puix aixina es tot lo sant dia.

Cal tindre molt en conte que els periodistes i els professionals no son en cap cas els responsables de que el *Canal Nueve* s'haja convertit en un abocador a on va a parar tota la merda. Estan nugats de mans i peus, no tenen cap llibertat d'accio i per tant tota la culpa es dels directius. Si finalment es pseudoprivatisa l'ent, els sous dels treballadors baixarien per a que un tio s'embojacara tota la pasta per tocar-se els ous en el despaig. I el deficit creixeria encara mes. El *Canal Nueve* es la classe de televisio que ni en una dictadura s'atrevirien a fer.

Per a ofrenar noves glories a Valencia

19) Llengua Valenciana Si. 23-7-2004.
¿QUÉ POT VOLER SIGNIFICAR LA FRASE "SOC VALENCIÀ I ESCRIC EN VALENCIÀ"?

"...me atrevire expondre: no solament de lengua
anglesa en portoguesa. Mas encara de portoguesa
en <u>vulgar valenciana</u>: perço que la nacio don yo
so natural sen puxa alegrar..."

JOANOT MARTORELL. Valencià. Escritor.
Joanot Martorell es un classic del Segle d'Or de les
Lletres Valencianes i el millor lliterat valencià de l'historia.
Autor del *Tirant lo Blanch*.
FONT: Dedicatoria del *Tirant lo Blanch*. 1490.

Els catalanufos, obsessionats per inventar i reescriure l'historia, afirmen que Joanot Martorell en esta frase vol dir-mos que es valencià i que escriu en catala. Es ben curios aixo; sobretot perque en el segle XV tot lo mon acceptava de forma generalisada que el valencià era una llengua independent i el catala un dialecte de l'occita. Pero sigam serios, si el dramaturc William Shakespeare firma del seu propi puny i lletra "Escric en angles"... ¿Qué pot voler significar eixa frase? Puix que escriu en angles, ¿no? Dic yo. Lo que sería ridicul es que algu vinguera cinccents anys despres i diguera: "¡Lo que realment volia dir Shakespeare es que escrivia en alema!". ¡Sigam serios, per favor! ¡U vol dir lo que vol dir! I si Martorell deixà firmat que escrivia en valencià vol dir aixo; que escrivia en valencià. ¿O van a dir-me que era tan tonto que escrivia en catala i no ho sabia ni ell?

Lo cert es que Martorell mai de la vida afirmà escriure en catala. Mai. I llavors es quan el catalanufo de torn et diu: "Es veritat, pero tampoc ho negà mai". Es cert. Joanot Martorell no negà mai escriure en catala, com no negà mai tampoc escriure en chinenc o ser un extraterrestre provinent d'Orio. Aço no ho negà mai tampoc. I yo no he negat mai tindre huit braços. Pero que no se negue una cosa no vol dir que s'estiga d'acort en ella. Les coses no funcionen aixina. Les coses es demostren en base al principi d'afirmacio i no al de negacio. Aixo tot lo mon ho sap. I si mos basem en el principi d'afirmacio ¿qué es lo que trobem? ¿Afirmà Martorell ser valencià? Si. ¿Afirmà Martorell escriure en valencià? Si. ¿Afirmà Martorell ser catala? Mai. ¿Afirmà Martorell escriure en catala? Mai. ¿Afirmà Martorell que el valencià i el catala foren la mateixa llengua? Mai. Mes claret, aigua, ¿no?

20) Critica Social. 25-7-2004.

BARCELONA 2004: FORUM DE L'ESPECULACIO I L'INCULTURA.

El de Barcelona 2004 es mostra com un forum universal de totes les cultures... Encara que l'himne espanyol o la llengua valenciana, per citar nomes dos eixemples, no tinguen cabuda en ell. El Forum preten ser una gran fabrica d'idees i dialec per a arreglar el mon. En realitat, no es sino un gran entramat d'especulacio i merda, una posta en escena megalomana i buida de substancia, un insult als pobres i una casa dels horrors que ven fum.

¿Quíns son els objectius reals del Forum? Son tres. 1) Repartir-se un pastiç de mes de 3.000 millons d'euros

Per a ofrenar noves glories a Valencia

(contant infraestructures i contingut) entre els quatre especuladors de torn. 2) Que les empreses patrocinadores aprofiten l'escaparat del Forum per a publicitar-se i dotar-se d'una image de "solidaries". 3) Construir un gran parc tematic de la superficialitat, un forum en el que es venga fum i a on els assistents paguen a canvi de no res.

¿Quí està a favor del Forum? El Forum, que no condenà l'invasio d'Iraq, ve patrocinat –entre uns atres– per una serie de bancs i multinacionals en uns forts interessos en l'economia de guerra i la produccio armamentistica, i per empreses contaminants que no respecten el mig ambient ni els drets laborals, pero que esperen crear-se una image "humana". En general, les multinacionals, els politics i la prensa es troben del costat d'este esperpentic circ.

¿Quí està en contra del Forum? La majoria de ONGS (com Amnistia Internacional o Greenpeace) no volen saber res. Noam Chomsky, Naomi Klein, Susan Sontag, Günter Grass o Jose Bove declinaren participar. Els conferenciants que en principi acceptaren anar al Forum i una volta s'han informat be han decidit retirar-se al final son Bill Clinton, Kofi Annan, Nelson Mandela, Helmut Khol, Jacques Delors, José Saramago, etc.

¿A quí beneficia? Als empresaris que han fet l'especulacio del segle, als patrocinadors que es publiciten, a l'alcalde Joan Clos que s'assegura la reeleccio en esta faraonada i a una serie d'entretenidors (cantants, actors de teatre, artistes...) que van a fer els seus bolos o que treballen a colp de subvencio, i de conferenciants (politics oportunistes, intelectuals progres de salo...) que viuen de prostituir-se intelectualment i de parar la ma.

¿A quí no beneficia? Al millo de pobres de Catalunya, que voldria que els 3.000 millons d'euros es destinaren a obra social. Als contribuents de tot l'Estat, que sufraguem aço en els nostres imposts. Als treballadors del Forum, subcontratats i explotats. A Barcelona que no es promociona (fora d'Espanya ningu coneix el Forum) ni al poble, que passa (l'assistencia de public es infima). Este forum de l'incultura fa pudor a immoralitat des de llunt.

21) Llengua Valenciana Si. 26-7-2004.

L'EURORREGIO: L'ULTIMA PALLA MENTAL DE MARAGALL.

El president catala Pasqual Maragall es un home molt poc pragmatic. Per a fer tertulietes en intelectuals de salo val una mina pero com a politic *cero patatero, mireusté*. Es una vergonya que en un país com Catalunya a on els jovens barcelonins han de radicar-se a 50 km. de distancia de la seua ciutat per culpa de la carestia de la vivenda, Maragall tinga entre les seues prioritats construir una eurorregio-macroaragonesa-economica-catalana o com li vullga dir en lloc de resoldre els problemes reals de la gent que es per a lo que li paguen, per cert.

Arc Mediterraneu, Eurorregio... Estos pancatalanufos ya no saben ni quin eufemisme inventar per a impondre els seus *Països Imaginaris* sense que la gent s'escarote. Pero si a l'atre costat dels Pirineus es descollonen de riure en les ocurrencies de *Pasqui*, els valencians hem d'estar alerta puix pareix que aço es algo mes que una simple promesa electoral sociata per a guanyar-se el recolzament de ERC. ¡Pareix que esta volta s'ho creuen i tot!

Ya te collons que un partit que presumix de progressiste tinga per objectiu reconstruir un país medieval com el Regne

Per a ofrenar noves glories a Valencia

d'Arago (¡¿qué demanaran els conservadors?! ¡¿tornar al Jurassic?!). Ya te collons que eixe fals Regne d'Arago vullga anexionar-se Montpellier, Andorra, Arago, Valencia i Balears (¿i per qué no Murcia, Napols, Sicilia, Sardenya, Neopatria i Jerusalem que tambe eren part del mateix?). Ya te collons que diguen que eixa sera una macrorregio economica (¿qué es llavors l'Unio Europea?). Ya te collons que diguen que cal enfortir els contactes i la cooperacio economica i que despres mos bramen que ni una gota d'aigua als valencians (¡es un bon principi de colaboracio, fent amics, si senyor!). Pero lo que mes collons te es que s'insistixca en un delirant imperialisme pancatalanufo quan Maragall sap be que els valencians ni volem ser catalans ni ho serem mai.

22) Critica Social. 26-7-2004.
RUÏNA MITICA.
Pareix obvi que algo ha fallat en la pessima gestio de Terra Mitica, quan esta ha arribat fins i tot a la suspensio de pagaments. El gran proyecte faraonic de l'ex–president Eduardo Zaplana es creà en 2000 i a lo llarc de quatre anys no ha fet sino acumular perdues. Teoricament construir un parc tematic en una ciutat tan turistica com Benidorm pareixia una bona oportunitat de negoci –i en principi ho era– de no haver segut per la gestio d'Edu, un home que deixa deutes alla a on va i que pot afonar els mes suculents negocis en el sol toc de la seua ma.

¿Per qué este fracas? 1) Una iniciativa com esta deuria ser privada. No es llogic que els principals accionistes de l'empresa siguen tots ells publics (Generalitat Valenciana, Bancaixa, CAM). 2) Nomes a partir de 2001 es contà en un inversor privat com Paramount, que ademes firmà un contracte pel que no es comprometia a res i del qual s'ha derivat un cada volta mes apremiant descens de visitants. 3) No es feu un estudi de mercat precis ya que s'esperava a mes de tres millons de visitants anuals quan en els ultims mesos dificilment s'arribava al millo.

4) No ha rebut ajuda per part de l'Estat a l'hora de facilitar el transport al parc tematic. Aixina es que mentres que hi ha proyectat un AVE que arribe fins a Port Aventura, no hi ha cap iniciativa d'alta velocitat per a Terra Mitica. 5) La practica totalitat dels espectaculs oferits son puerils, lo qual atrau el turisme familiar, pero no el d'adults propiament dit, puix no n'hi ha atraccions adultes com bars o discoteques. 6) Deuria haver-se buscat el consens en l'oposicio per a evitar aixina una actitut carronyera per part de PSPC, EUPC, i els seus mijos afins.

7) Es feu una previsio de costs poc realista. Hi hague sobrecosts en la construccio: s'estimava que anava a valdre 45.000 millons de pessetes, i al final foren 70.000 millons. 8) Les presses i el sobredimensionament varen ser els que causaren els sobrecosts i la falta d'un soci tecnologic adeqüat des d'un principi. En resum, que lo que podria ser una excelent oportunitat de negoci s'ha convertit en una factoria de perdre diners, gracies a un gestor patetic com Zaplana, qui –com si d'un Anti-Mides es tractara– convertix en merda tot lo que toca la seua ma.

Per a ofrenar noves glories a Valencia

23) Critica Social. 30-7-2004.
ZAPLANA, L'ANTI-MIDES, CONVERTIX EN MERDA TOT LO QUE TOCA.
Amics llectors, si un dia vos trobeu en l'ex-president de la Generalitat Eduardo Zaplana pel carrer, fugiu a tota pressa. Està malait, es un Anti-Mides i convertix automaticament en merda tot lo que toquen les seues mans. Tots els negocis que inicia son maquines de perdre diners, deixa deutes alla a on va. Si Edu tocara en la ma a Microsoft, aniria a la bancarrota en una semana. A Edu, si li deixen, es capaç de matar a la gallina dels ous d'or.

Quan arribà al poder, RTVV tenía una programacio acceptable (que no bona) i un deficit minuscul. El PSPC feu una gestio economica decent de RTTV. Pero Zaplana introdui una programacio fem per a fer-la comercial, feu del *Canal Nueve* la seua televisio personal i el resultat fon la multiplicacio per cinquanta del deficit en sols set anys i el descens vertiginos d'anunciants, ingressos i audiencia (sobretot en *Radio Nueve*, que ningu sent ya).

Com que el deficit començava a ser titanic, pensà Edu en pseudoprivatisar la gestio del *Canal Nueve*. Aplicaria el mateix sistema de pseudoprivatisacio de la sanitat que ha fet en l'Hospital de la Ribera d'Alzira, que es resumix lliteralment en "Si hi ha beneficis son per a l'empresari, si hi ha perdues les paga el poble". Este nou sistema no nomes ha demostrat resultar deficitari sino que ademes ha empijorat l'atencio medica als pacients, etc.

El seu somi mes faraonic, Terra Mitica (un parc tematic ubicat en la capital mundial del turisme, Benidorm), era, s'agarrara per a on s'agarrara, la gallina dels ous d'or. Aixo no podia perdre diners de cap de les maneres. Pero en quant Edu tocà Terra Mitica en les seues mans magiques, de sobte un maremot de merda es precipità sobre l'empresa: quatre anys consecutius de perdues des del naiximent i suspensio de pagaments. ¿Quí dona mes?

En acabant de que durant anys mos prometera proyectes molt ambiciosos al temps que necessaris i que cap d'ells es concretara (Parc Central, AVE, PHN...) i de que balafiara el capital public en faraonismes com Terra Mitica o la Ciutat de les Arts i les Ciencies (empreses que deurien haver correspost a l'iniciativa privada) mos trobem en que les arques publiques estan buides i que no queda ni un centim per a construir res de lo que realment mos cal.

24) El Palleter. 1-9-2004.

COALICIO VALENCIANA, UN PROYECTE ILUSIONANT.

Des de fa mesos els valencianistes hem recobrat l'ilusio gracies a Coalicio Valenciana (CV), en Joan García Sentandreu al front. Joan treballa sense pressa pero sense pausa per a construir un partit valencianiste fort que opte a les Corts en 2007. En sols uns mesos ha unit al valencianisme politic, social i cultural en torn al seu proyecte: un partit foraliste, conservador, valencianiste i social que combata el pancatalanisme i el centralisme de la Meseta, que defenga la nostra llengua valenciana, les nostres senyes d'identitat i la nostra terra.

Joan es un batallador infatigable contra el catalanisme i –a pesar de les adversitats– demostra tindre moltes aptituts per a la politica. No es just que hi haja gent que diga que lo unic que vol es chuplar del pot com Josep Maria Chiquillo o Vicent González Lizondo. Si d'alguna cosa no se li pot acusar es de deshonest, incoherent o fals. ¿O es que ya no s'enrecorda la gent de que Sentandreu fon u dels qui mes implacablement criticà la venda de UV al PP? Yo, de moment, li done el meu vot de confiança a l'espera de que no es desvie del bon cami.

Crec que hi ha raons que conviden a l'optimisme. CV està rebent finançament per part de l'empresariat, en uns mesos tindrà xixanta seus locals i comarcals, cada volta mes valencians s'estan afiliant, els descontents de PP, PSOE i UV la veuen en bons ulls i el partit està eixint en els mijos de comunicacio en les seues moltes iniciatives ciutadanes. El valencianisme no està mort. UV arribà a ser quasi la primera força en el Cap i Casal (¿per qué no pot ser-ho CV?) i mes tart o pronte l'actual barrera del 5% per a entrar en les Corts es rebaixarà al 3%.

CV vol aglutinar l'unio de tot el valencianisme baix d'un gran paraigües. Partits com IRV i PRCV pareixen disposts a sumar forces. Quí sap si en un futur pot ser que tambe UV, ONV i ENV. Pero ¿per qué parar ahí? Es podrien sumar uns atres grups com Familia i Vida, Comunio Tradicionalista Carlista, Unio de Centro Lliberal, Partit Cannabis o partits locals que tinguen estiro en els seus respectius municipis. Poc importa aci ser de dretes o d'esquerres, puix tots poden mantindre un nexe d'unio: una llengua valenciana independent per al païs.

No mos hem d'espantar perque CV pacte en PP, PSOE o en Satan si fa falta... Sempre que siga a canvi d'una llengua valenciana independent. I si no es conseguix, puix a l'oposicio i ¡a pegar canya contra el govern de torn! CV deuria fer-li la vida impossible en una pressio asfixiant: votar contra totes les iniciatives del govern, i fins i tot boicotejar els presuposts... Es tanta la codicia i fam de poder de Paco

Camps i Joan Ignaci Pla que –si necessitaren de CV per a governar– son capaços de renunciar als ideals catalanufos per tal d'assentar-se en el sillo.

25) Llengua Valenciana Si. 15-9-2004.
PER QUÉ VALENCIA SI ES NACIONALITAT HISTORICA I CATALUNYA NO.

En Catalunya hi ha un millo de pobres en una societat d'un total de sis millons, jovens barcelonins s'han de marchar a 50 km de distancia de la seua Barcelona natal per a poder comprar-se un pis (algo mes a prop es del tot impossible pel preu prohibitiu de la vivenda), dones maltractades que reben palisses dels seus homens, un Forum Barcelona 2004 que ha especulat en mes de 3.000 millons d'euros... I davant d'estos problemes ¿quína es la prioritat d'un govern que s'autoproclama socialiste, progressiste, d'esquerres i republicà? Puix discutir al voltant de si Catalunya es una "nacionalitat historica" o una "comunitat nacional". Per a cagar-se i no torcar-se.

Mentres les empreses tanquen i deixen a les families obreres sense pa, el tripartit discutix sobre la quadratura del circul en un debat d'intelectuals de salo. Catalunya, Nacio Catalana, Nacionalitat de Catalunya, Principat de Catalunya (sense princip conegut), Comunitat Nacional Catalana... Ha d'apareixer algun nom que siga encara mes rupturiste, algo que cap atra autonomia puga copiar mai. Yo, si fora Pasqual *Margall*, convocaria un concurs d'idees. ¿Qué tal "Catalunya, mare de totes les nacions, patries i pobles de la Terra"? No estaria mal. Pero lo cert es que quan *Margall* afirma que Catalunya es una "nacionalitat historica" ment puix aço es fals.

¿Qué es una "nacionalitat historica"? Uns diuen que els territoris que en 1936 tenien un Estatut d'Autonomia (Galicia, Euskadi i Catalunya). La veritat es que este es un criteri ben ridicul... ¿Per qué no tirem mes arrere en l'historia quan Valencia tenía els seus Furs propis i ni Galicia ni Euskadi ni Catalunya existien? Uns atres diuen que nacionalitat historica es un territori en llengua propia. En tot cas aixo sería una "nacionalitat llingüistica" i en cas que fora historica, la Vall d'Aran –a on es parla l'idioma aranes (reconegut com a tal per la Generalitat, abans deyen que era un dialecte del catala)– sería una "nacionalitat historica" pero al marge de Catalunya, es clar.

Tots podem jugar a inventar significats estrambotics que adeqüen un concepte als nostres interessos. Pero sigam serios, ¿qué pot significar el terme "nacionalitat historica"? El propi nom ho diu. Es tracta d'un territori que historicament es o ha segut nacio. Aixina de clar. Nacionalitats historiques son Castella, Lleo, Navarra, Arago, Balears, Valencia... Totes elles foren nacions sobiranes en algun moment de l'historia, pero lamente dir-li a *Margall* que si Valencia fon un Regne independent en el passat, Catalunya no fon nacio independent mai. Per esta rao Valencia si es una nacionalitat historica mentres que els catalans no passen de comtat de mig pel.

26) Llengua Valenciana Si. 24-9-2004.
EL CIRCUL VICIOS DE L'ANTICIENCIA.

"Lo important es no deixar mai de fer-se preguntes".
Albert Einstein (científic).

Socrates encorajà a la joventut a que pensara per si mateixa, a que no acatara els dogmes, a que no acceptara una cosa nomes perque la digueren els sofistes, que eren els sabis oficials de l'epoca. Estos no consentiren que algu qüestionara la seua sabiduria i el mataren. Hui, Socrates es el mes gran lliurepensador de l'historia del mon.

Nicolau Copernic afirmà que era la Terra la que orbitava en torn al Sol i no al reves com es crea. Els filosofs i l'Esglesia carregaren contra ell. Galileu Galilei va reforçar esta teoria i sentencià que la Terra no era plana... I el vullgueren cremar. Gracies a abdos, un tal Cristofol Colon s'atrevi a creuar l'Atlantic i descobri un Nou Mon.

Charles Darwin plantejà que el ser huma i els simis tenien antepassats comuns. Els *cientifics* del seu temps –que eren defensors de la teoria del creacionisme– el tractaren d'analfabet per plantejar una tesis tan absurda i tan destrellatada com la de l'evolucio. Al remat, la *ciencia* tenía clar que Deu feu a Adan i Eva a partir del fanc.

Henry Schilemann, un arqueolec alema enamorat de l'Atenes classica, va dir que Troya existi fisicament, que no era sols una ciutat imaginaria retratada en obres epiques. Les carcallades dels *cientifics* de la seua epoca foren realment espectaculars. Va descobrir les ruïnes de Troya i hui si sabem que esta urps existi es gracies ad ell.

Albert Einstein plantejà la Teoria de la Relativitat que sostenia que, en paraules que tots entengam, el temps pot circular a *distintes velocitats*. Les burles, chances, escarnis i els insults que hague d'aguantar Einstein per part dels seus colegues *cientifics* foren cosa de no dir. Hui Albert Einstein es el mes gran fisic de tot el sigle XX.

Fins fa poc, tot aquell que plantejara que hi havia aigua en el Sistema Solar mes alla de la Terra era tildat de foll. Fins fa poc, molts astrofisics es burlaven de qui sostinguera l'existencia de vida extraterrestre. Hui sabem que en Mart –es dir, el següent carrer en el cosmos– hi ha aigua i, molt possiblement, microorganismes marcians –es dir, vida–.

Els sofistes de hui en dia –els professors universitaris– asseguren que la romanistica internacional afirma que el valencià es un dialecte del catala, que aixo es indiscutible, que posar-ho en dubte es propi de barbars. ¿Quí diu que els sofistes desaparegueren en l'Atenes classica? El circul vicios de l'anticiencia no para de repetir-se mai.

27) Llengua Valenciana Si. 5-10-2004.

LA CULTURA ELITISTA, LA CULTURA POPULAR I LA PSEUDOCULTURA.

El de cultura es un concepte complex. Hi ha tantes definicions de cultura com persones, i els debats en torn a ella son continus. En la meua opinio, cultura hi ha de dos tipos: la cultura elitista i la popular. L'elitista es Michelangelo Buonarroti, Ludwig Van Beethoven, Ausias March... Es dir, la cultura en mayuscules... I despres està la cultura popular que es la del poble: les festes, les costums, les tradicions... La cultura popular es molt ampla i abarca des dels tebeos de Batman fins a la religio cristiana passant per les Fogueres de Sant Joan.

Tambe convivim en un tercer tipo de *cultura* que no ho es en absolut... La podriem denominar com cultura fem, incultura o millor encara: pseudocultura. Parlem de coses com el Forum de les Cultures de Barcelona 2004, la Fura dels Baus, la Bienal de Valencia, el IVAM o l'art abstracte. I es que quan u va al teatre i se troba en una banda de borinots ballant en pilotes com aborigens de Papua-Nova Guinea o si u va a un museu i es troba en una peixera plena de tornells sap que en el fondo aixo ni es art ni cultura; tan sols es una presa de pel.

Per a mi, la popular es una cultura superior a l'elitista. A pesar de que la fama i el prestigi acompanyen a l'elit. A sovint es desprecia a la cultura popular per ser la del poble, la de gent plana, honesta, decent i senzilla. Yo preferixc estar del costat d'eixe poble al que alguns desprecien que del costat de mediocres intelectuals de salo que viuen de subvencions i de parar la ma, que es creuen algu per tindre un premi, tan melindrosos i repipis ells que pareix com si algu els haguera clavat un carabassi pel cul, i que gosen parlar de tot quan no saben de res.

La cultura popular es la mes important perque es el ADN d'un poble, la radiografia d'una societat, es l'identitat i l'estil de vida d'una nacio, el DNI d'una patria i aixo es mes important que la *Capilla Sixtina*, *En Quixot* o la *5ª sinfonia*. Per aixo, quan alguns analfabets –partidaris clars de la cultura elitista– afirmen que "totes les Universitats del mon diuen que tal o qual" yo responc lo que diu el meu poble: que el valencià es una llengua i no un dialecte. Perque que yo sapia la llengua, i la cultura, son patrimoni del poble. I de ningu mes.

Per a ofrenar noves glories a Valencia

28) Critica Social. 22-10-2004.

IGLESIA CATOLICA: CORRUPCIO, HIPOCRESIA I ARA TAMBE CATALANOFASCISME.

L'Esglesia Catolica demana diners per als pobres i despres ho invertix en Gescartera. Recomana abstinencia sexual als jovens perque les relacions prematrimonials son pecat pero en acabant li dona soport a un govern valencià –el del *Partido Popular*– que fica programes com *Tombola* que promouen la prostitucio. Clama contra el colectiu homosexual pero encobrix els bruts casos de pederastia dels sacerdots catolics d'Estats Units d'America.

Publíca un document de doscentes fulles a favor de la familia tradicional i l'indissolubilitat del matrimoni i en acabant casa al Princip Felip en la divorciada Letizia Ortiz. I l'alta jerarquia catolica dona el vist i plau a l'unio. I concedir una nulitat matrimonial previ pagament em sona a aquelles bules papals de fa sigles per les quals si pagaves uns diners podies pecar tranquilament i menjar carn en el Divendres Sant perque no passava res.

No pot ser que l'Esglesia Catolica passege baix palc a un assessi com Francisco Franco durant quaranta anys i no demane perdo, i que despres alardege de ser la gran defensora del dret a la vida. No pot ser que parle dels debils i despres forge aliances en dictadors fascistes, empresaris supercorruptes i militars pretorians. Hui mes que mai es la Catolica una esglesia que fa pudor a corrupcio, a fariseisme, a hipocresia, a anticristianisme, etcetera.

Que no s'estranyen si despres veuen que la societat valenciana passa cada dia mes de la doctrina catolica (¡si ni tan sols l'Esglesia la complix!). O si els jovens son cada volta mes ateus, mes llaics. O si els temples estan buits entre semana i tan sols els dumenges s'omplin... de gent anciana. O si les vocacions son cada volta menys. O si les X en la casella de l'Esglesia –que mos recorden marcar– descendixen paulatinament any rere any.

Si, l'Esglesia fa ya mes de mil anys que s'apartà de la senda de Jesus de Nazaret. Quan hi hagut algun Papa que ha pretes una esglesia humil i pobra d'acort a lo que predicava Crist, com fon el cas de Joan Pau I, ha mort al cap d'un mes. Hui que els catolics apelen a l'unitat de tot el cristianisme es fa mes evident que mai que l'escissio protestant iniciada per Marti Luter es lo que mes s'acosta al cristianisme pur i primitiu de Jesucrist.

Ara, l'Esglesia Catolica de Valencia, en lloc de oferir el seu soport al valencianisme, que es un moviment que mai renegà de catolic, decidix que una volta mes cal estar del costat del poder i recolzar al catalanofascisme... Encara que este siga ateu, anticlerical i es burle de Deu. ¡Pero que ningu confonga el mensage de Crist en els mensagers corruptes i plens d'imperfeccions! ¡Aparteu-vos de l'Esglesia si voleu, pero no vos allunteu mai de Deu!

29) Llengua Valenciana Si. 14-11-2004.
¿QUÍ PERT EL TEMPS?
Anem a vore, catalanufos... ¿Pero es que no vos heu enterat encara de que el poble valencià ha deixat molt i ben claret en repetides ocasions que no es ni vol ser catala? ¿Per qué esteu pegant-li voltes eternament a este tema? ¿Qué es lo que guanyeu? ¿De qué vos aprofiten estes discussions esterils? ¿Quína paradeta voleu mantindre en peu? ¿Per qué no eixiu del bunquer barretina d'una vegada i comencem a treballar per a que els valencians mos sentim mes valencians

Per a ofrenar noves glories a Valencia

i mes valencianistes, l'unica identitat real com a alternativa a l'espanyola? ¿Per qué insistiu en imperialismes trasnoctats? ¿Per qué parleu sempre en nom del poble valencià quan no l'escolteu mai?

¿Es que no vos doneu conte de que perdeu el temps i els diners? No pareu d'enviar millons des de Catalunya per a colonisar Valencia i haveu obtingut uns resultats tendents a zero. El Bloc Nacionaliste Catala (BNC), 25 anys d'extraparlamentarisme. Esquerra Republicana del Païs Catala (ERPC), 15.000 vots el millor registre. Totes les enquestes fetes sols a valencians diuen que la gent considera que valencià i catala son dos idiomes. 25 anys d'inocular el catala en les escoles i nomes haveu conseguit que es dispare l'us de l'espanyol. ¿Sera perque els jovens valencians no s'identifiquen en el catala rar, artificial i de laboratori que els ensenyen dia a dia?

Si roïna es la situacio de la lliteratura en general (la joventut cada volta llig menys) pijor es la de la lliteratura catalana en Valencia. Teniu tots els premis, subvencions i ajudes oficials. I lo unic que haveu conseguit es que els chiquets avorrixquen llegir el catala. Nomes lligen en catala els escolars i bachillers –perque els obliguen– pero troben que les noveles estan en un catala tan ortopedic i distint del valencià que parlen els pares i que parla la gent en la vida real, que una volta acaben l'escola –i ya no hi ha un professor darrere que els examine ni coaccione– no tornen a llegir un llibre en catala en la vida. Fracas rotunt sense paliatius. Reflexioneu un poc...

Els valencians se senten espanyolistes de forma abrumadora, aixo es un fet. Hem d'explicar pedagogicament que resulta un mal negoci per als valencians dependre de Madrit, que viuriem millor si mos autogovernarem mosatros, si tinguerem veu i vot en Europa... Pero no cal explicar que no som catalans, perque els valencians ya sabem que no ho som. El valencianisme, l'autentic valencianisme, passa per defendre tot lo valencià, per ser mes valencians i mes valencianistes cada dia, no per canviar d'amo o per defendre lo del veï en lloc de lo de casa, que aço ultim no es de ser progressiste sino de ser suro. Catalanufos, penseu. ¿Quí està perdent el temps aci?

30) Critica Social. 19-11-2004.

LA DICTADURA DE RITA: ¿ES POT FER PIJOR?

El Cap i Casal cada volta fa mes oix. Alli no hi ha valencians; sols equatorians i espanyols, per lo que l'us del valencià es simbolic. Yo la solc nomenar *carinyosament* Nueva Albacete. Nomes has de passar-te un dia per a descobrir per qué. La pudor a ceba, el fum dels coches, l'immundicia i els cagallons de gos escampats pertot que deus esquivar pegant bots com en una carrera d'obstaculs, fan de la capital una urbs depriment que fa oix.

El caixco vell ha entrat en un proces de sarajevisacio alarmant. Està tan deteriorat que podria confondre's en Bosnia perfectament. No hi ha AVE ni inversions per al port i l'Ajuntament està endeutat. No s'amplia el metro i els usuaris patixen les folgues massives d'un sindicat minoritari i mafios. L'alcaldesa Rita Barberà ha promes el Parc Central quatre voltes (1991, 1995, 1999 i 2003) i no s'ha fet res. Quatre ya. I no hi ha quint roïn.

La ciutat ha segut invadida per una legio de gitanos romanesos que exploten als seus fills per a la mendicitat. Els captadors t'aborden pertot. Ningu els repatria. En Russafa els

Per a ofrenar noves glories a Valencia

gamells venen coca en mitat del carrer a plena llum del dia. Les pobres putes africanes –amenaçades de mort per les mafies– van pegant bacs d'un barri a un atre provocant les ires i el rebuig dels veïns. Algunes d'elles es prostituixen en el carrer a plena llum del dia.

La cremada de coches es deport nacional. Bandes d'adolescents descervellats es dediquen a cremar vehiculs de nit per pura diversio i maldat. Ya van centenars d'autos i la cosa seguix igual. Els delinqüents s'han fet els amos de la ciutat. Els estirons de bossa de ma i les navaixes en el coll estan a l'orde del dia. La policia brilla per sa absencia. El botellot no deixa dormir als veïns, que troben vomits en els portals com a recort del dissabte nit.

Davant d'un panorama com este em pregunte: ¿Es pot fer pijor? I no em referixc a la gestio de l'alcaldesa, que en lo dit abans es qualifica per si a soles. Em referixc a la de l'oposicio. Perque si Rita fa de la capital del païs una descomunal i pudorosa merda i la gent la continúa votant en massa, dic yo que sera perque l'oposicio ho fa, encara que coste molt de creure, moltissim pijor encara. Pero d'a on no hi ha no es pot traure, qué li anem a fer.

31) Llengua Valenciana Si. 28-11-2004.
CAROD I HITLER: PAREGUTS RAONABLES.
¿En qué es pareix el despota alema Adolf Hitler i l'ultranacionaliste catala Josep Lluís Carod-Rovira?

1) Els dos obedixen a un fort sentiment d'autoodi. Adolf Hitler massacrà judeus (a pesar de tindre ascendencia judeua) mentres que Josep Lluís Carod-Rovira odia als

espanyols als qui tilda de *charnegos*. Lo qual sorpren si tenim en conte que el pare de Carod es aragones, Guardia Civil i que treballà per al regim franquiste. Carod considera *charnego* a son pare, del qual s'avergonyix.

2) Tant Carod com Hitler son uns imperialistes. Hitler deya: "En els Sudets parlen alema, son alemans". En eixa excusa acabà invadint un païs a on es parlava chec. Carod diu: "En Andorra es parla catala, son catalans". En eixa excusa vol anexionar-se un païs a on es parla valencià.

3) Els dos tenen vinculs en la violencia; Hitler tenía a l'eixercit nazi, Carod se sent de lo mes a gust en manifestacions a on clamen a favor de Terra Lliure o reunint-se en els seus amics de ETA.

4) Hitler era raciste, crea en la raça superior (l'aria), Carod es etniciste; creu en l'etnia superior (la catalana).

5) Tant Hitler com Carod aboguen per un nacionalisme expansioniste, excloent i delirant que els otorga el dret de chafar, humiliar i anexionar-se al restant de pobles.

6) Per a Hitler tot el qui no pensara igual que ell era el seu enemic, per a Carod tot el qui no pense igual que ell es un fasciste, i per lo tant enemic.

7) Els dos obedixen a un moviment nacional-socialiste, en el cas de Hitler, mes de nomenclatura que una atra cosa, en el cas de Carod de fet.

8) Tant Hitler com Carod reinventen el passat, el reescriuen a la seua conveniencia, en tot tipo de falacies i mits.

9) Els dos fan servir el chantage; Hitler reclamava anexionar-se nacions si no volien que s'enfadara, Carod amenaça en boicotejar els presuposts de no exterminar el valencià.

Per a ofrenar noves glories a Valencia

10) La politica de cedir no valgue en Hitler, ni tampoc en Carod, son insaciables i sempre volen mes, l'unica forma de detindre'ls es plantar-los cara.

32) Critica Social. 3-12-2004.
EL FARISEISME DE PACO CAMPS, PREDICA BLANC I FA NEGRE.

"En acabant Jesus parlà a la gent i als discipuls dient-los:
–Els escribes i els fariseus s'assenten en la catedra de Moises. Per tant, respecteu i compliu lo que ells vos diguen; pero no obreu d'acort ab el seu comportament, perque diuen una cosa i en fan una atra"
(Mateu 23:1-3).

Si llegim les descripcions que Jesucrist fa dels fariseus en els *Evangelis*, pareix que estiguera descrivint ni mes ni menys que al president de la Generalitat Valenciana, Paquito Camps, pecador hipocrita que se les dona de sant. Els populars subvencionen a la Fundacio Francisco Franco i es queixen del guerracivilisme de l'esquerra, asseguren defendre la moral cristiana pero no seguixen l'ideari catolic en materia de celules mare, de parelles d'homosexuals o de programacio televisiva, van de lliberals pero ho volen controlar tot fins a llimits de dictadura, presumixen de valencianistes i oficialisen el catala... ¡No es pot posar un ciri al dimoni i un atre a Deu!
Camps va a totes les misses, lliturgies i provessons, posa cara de bon catolic front a les camares, pero a l'hora de la veritat no complix en allo de donar de beure a l'assedegat i

72

menjar al famolenc puix des de que ell governa, ha aumentat el numero de captadors, pobres i persones sense sostre en Valencia. I Camps res fa per ells. Presumix de valencianiste, ment al poble quan afirma defendre l'idioma valencià (puix en el fondo lo unic que defen es que els valencians parlem catala pero li diem "valencià"). Paquito, mentir es un pecat i ofen a Deu. Camps predica blanc i fa negre, fa del pecat un estil de vida i, com els fariseus, es pega colps de puny en el pit.

I es que contradiccions les tenim tots, ara be contradir-se 24 hores al dia ya no es normal. I una cosa es pecar i una atra fer del pecat un estil de vida. A sovint els millors cristians no son els qui van a missa sino els qui mostren un comportament recte i integre, els qui obedixen allo de "Ama a Deu sobre totes les coses i al proxim com a tu mateix". A sovint darrere de molts dels cristians que s'assenten en primera fila tots els dumenges en la missa, mudats en les seues millors gales, sols hi ha voluntat d'aparentar. De poc val adorar a Deu els dumenges i al diable el restant de la semana. ¿Camps defen la moral cristiana o la doble moral? Obres son amors i no bones raons.

33) Critica Social. 14-12-2004.
LI DIUEN PLA, ENCEFALOGRAMA PLA.
"L'any vinent tornare a Castello per a vore cremar les gayates". Esta frase mitica que segur passarà als anals de l'historia la rubricà el sociata Joan Ignaci *Encefalograma* Pla, candidat a president de la Generalitat. Pla es un clar eixemple d'eixe dit que resa que quan mes suro es algu mes possibilitats te d'arribar llunt en la vida. Que algu que aspira

a ser el president de tots els valencians ignore que en una de les festes valencianes mes emblematiques com es la Magdalena de Castello les gayates no es cremen mostra que Pla desconeix la cultura valenciana (normal, nomes l'interessa la cultura catalana) i que te un intelecte comparable al de George W. Bush.

En privat, molts sociates admeten que si Pla va a un concurs d'incompetents el desqualifiquen per dopage. No importa lo mal que ho faça el president de la Generalitat Paquito Camps; es prou en que el comparen en Pla per a pareixer el canciller Otto Von Bismarck al seu costat. Si yo fora alcalde, Pla es el tipo de politic que desijaria tindre en l'oposicio; algu que en el seus erros fera bons els meus. ¡¡¡No perdria l'alcaldia mai!!! Pla està decidit a afonar al PSPC a l'actuar com el peo servil del seu amo Pasqual Maragall. Que si Eurorregio, que si ni una gota d'aigua per als valencians, que Valencia no es nacio pero Catalunya si... I Pla que diu amen a tot.

A voltes sospite que Joan Ignaci *Encefalograma* Pla (com li diuen molts ara) es un infiltrat del PP per a afonar el socialisme. Cada volta que obri la boca el seu partit pert vots. De fet, si Pla tinguera un programa diari en el *Canal Nueve* en un horari de maxima audiencia a on explicara sos punts de vista al poble, el PSPC ni entraria en les Corts. Quan veig als sociates d'uns atres llocs sent enveja. Els sociates catalans defenen lo de Catalunya, els sociates aragonesos lo d'Arago, els manchecs lo de la Mancha... ¿Quín pecat hem comés els valencians per a haver de patir a uns sociates que defenen qualsevol cosa que vinga de fora abans que defendre lo de dins de casa?

34) Llengua Valenciana Si. 20-12-2004.

FRANCESC CAJA I EL CIRCUL VICIOS DEL TOTALITARISME.

En l'Alemanya Nazi es perseguia als judeus. Bona prova d'aixo fon "la nit dels cristals trencats", en que els nazis trencaren les botigues i comerços de tots aquells alemans que sabien que eren judeus. El dictador Adolf Hitler no es va acontentar en aço i obligà als propis judeus atacats a pagar una indemnisacio a l'Estat per causar "destrosses contra l'Estat Alema". No solament se'ls perseguia, sino que ademes es responsabilisava a les victimes de la propia persecucio: "Els judeus son una raça inferior, uns traïdors a Alemanya, uns conspiradors, etc.".

En l'Espanya de Francisco Franco es perseguia als qui no pensaven com ell. Es denunciava als homosexuals, que anaven a preso nomes per ser-ho. Es torturava, assessinava, amenaçava i fusilava a rojos, democrates i als republicans nomes per ser-ho. A l'igual que en l'Alemanya Nazi tambe en Espanya es responsabilisava a les victimes de la seua propia persecucio. Aixina "els republicans son tots una horda de barbars sanguinaris i d'antiespanyols, els maricons son uns malalts que poden ser curats en una terapia de descarregues electriques, etc.".

En l'Unio Sovietica de Josip Stalin tambe es perseguia als opositors a la dictadura. Aixina, s'encarcerava a molts ciutadans, se'ls confiscava els seus bens i propietats i se'ls deixava en el carrer i sense res... De fet, Stalin una volta ordenà eixecutar a totes les persones que no tingueren calls en les mans "per antirrevolucionaries". Novament, es responsabilisà a les victimes de la seua propia persecucio: "Es que este es un fasciste, aquell un capitaliste, el de mes

Per a ofrenar noves glories a Valencia

alla es un antirrevolucionari". Les victimes tenien mereixcut lo que els passava tambe aci.

En Euskadi des de fa mes de trenta anys hi ha una banda terrorista nomenada ETA que seqüestra i assessina. En eixa banda colaboren molts politics i ciutadans d'a peu, donant-li cobertura, refugi, denunciant a tot el qui no pensa igual. 1.000 morts en 30 anys de terrorisme i una societat trencada a on no pots parlar de politica en un bar per por a que et maten. Com en els casos anteriors, tambe aci les victimes tenen la culpa de la seua persecucio: "Son fascistes, son espanyols, no tenen RH-, no son de la raça vasca, son *maketos*, son antivascs, etc.".

Hui en Catalunya un professor de l'Universitat de Barcelona, Francesc Caja, està amenaçat de mort tan sols per no compartir la politica llingüistica de la Generalitat. Deu aguantar que uns catalanofascistes encapuchats entren al seu despaig i li'l destrossen, que facen pintades contra ell, que irrompen en classe i l'insulten... I el rector de l'Universitat de Barcelona li retira l'escolta que fins ara li protegia. Tambe aci es responsabilisa a Caja de lo que li ocorre: "Caja fasciste". Pero... ¿quí son els fascistes realment? La meua solidaritat, professor Caja.

35) Llengua Valenciana Si. 28-12-2004.
10 RAONS PER A VOTAR NO A LA CONSTITUCIO EUROCATALANUFA.

1) Si eres valencià vota NO. Perque la Constitucio Europea no admet el valencià com a idioma de treball. I en acabant de que els nacionalistes catalans junt en els sociates hagen humiliat l'idioma valencià, sols cal votar no.

2) Si eres espanyol vota NO. Perque la Constitucio Europea resta influencia a Espanya. En el Tractat de Niza, l'Estat contava en prou mes poder, per lo que podia defendre millor els seus interessos. Ara, no hi ha res d'aixo.

3) Si eres europeiste vota NO. Perque la Constitucio Europea otorga un poder excessiu a Alemanya i a França. Es tracta de participar tots, no de que quan dos Estats donen les ordes als demes mos toque obedir-les sense mes...

4) Si eres nacionaliste vota NO. Perque la Constitucio Europea no reconeix l'existencia de les nacions sense Estat (com Valencia) ni la plurinacionalitat dels Estats europeus. Enaltix als Estats pero a les nacions i pobles no.

5) Si eres cristia vota NO. Perque la Constitucio Europea es anticristiana i nega les arraïls cristianes d'Europa. No reconeix –ni tan sols simbolicament– els vinculs entre Europa i el cristianisme ni fa una mencio expressa a Deu.

6) Si eres democrata vota NO. Perque la Constitucio Europea proclama un sistema caciquil i dictatorial a on els ciutadans no poden elegir al president de tots els europeus. Es consolidarà una dictadura. No mereix un atre nom.

7) Si eres de dretes vota NO. Perque la Constitucio Europea consagra un Parlament d'opereta, una institucio de parasits sense cap poder real, una elit de *burrocrates* que chuplen del nostres imposts i que no aprofiten per a res.

8) Si eres d'esquerres vota NO. Perque la Constitucio Europea se centra en el repartiment del poder, deixa en un segon pla als ciutadans pero otorga la preeminencia de la construccio europea als interessos economics, etcetera.

9) Si eres inteligent vota NO. Perque la Constitucio Europea es un insult a l'inteligencia ya que votarém una Carta Magna que els politics ni s'han esforçat en donar-la a coneixer llevat d'en els programes de la televisio fem.

Per a ofrenar noves glories a Valencia

10) Si eres inconformiste vota NO. Perque la Constitucio Europea es insuficient ademes d'un empastre. Si ara els ciutadans la tombem, els politics s'esforçaran en oferir-nos una atra Constitucio molt millor, una com nos cal.

36) Llengua Valenciana Si. 31-1-2005.
¿PER A QUAN UNA ACADEMIA DE LA LLENGUA VALENCIANA?

L'intent de soterrar el conflicte llingüistic en la creacio d'una Academia Valenciana de la Llengua (catalana, s'enten) (AVLL), que no es sino una delegacio de comissaris politics fruit dels acorts a tres bandes de José María Aznar, Jordi Pujol i Eduardo Zaplana, ha segut un espectacular fracas. L'Academia de Zaplana (AZ) es un ent que tan sols aporta crispacio, que carix de tota llegitimitat etica, moral i cientifica, que es la mera filial de l'Institut d'Estudis Catalans (IEC) i que ha oficialisat el catala en contra de la voluntat majoritaria del poble.

La AZ es un organisme viciat de naiximent i que es supera dia a dia en descredit. Cal derogar este cavall de Troya catalanufo i constituir una Academia de la Llengua Valenciana (ALLV), en academics valencianistes que oficialisen les Normes d'El Puig i reconeguen l'independencia de la Llengua Valenciana. L'ent deuria naixer en 21 academics i a partir d'ahi que foren ells mateixos els qui democraticament –i sense ingerencies dels politics– votaren per a incorporar nous membres que cobrixquen les baixes que vagen causant-se poc a poc.

Gent qualificada i de pes intelectual ne tenim de sobra. Podrien formar part de la ALLV Josep Maria Guinot, Anfos

Ramon, Chimo Lanuza, Toni Fontelles, Leopolt Penyarroja, Manolo Gimeno, Josep Esteve Rico Sogorb, Joan Batiste Sancho i Gea, Jesualt Masià, Joan Comes i Nacher, Laura García Bru, Miquel Castellano, Albert Quadrado, Antje Voss, Hans-Josef Niederehe, Josep Ángeles Castello, Just Llorca, Ricart García Moya, Vicent Lluïs Simo Santonja, Joan Costa i Catala, Antoni Atienza, Josep Puchades, etc.

La constitucio de la ALLV deuria fer-se en molt de dialec, per a acostar a tots els sectors valencianistes en pro de l'unitat. A partir d'ahi caldria organisar un III Congres de la Llengua Valenciana, a on s'escenificara l'unio del valencianisme i es marcaren les directrius llingüistiques per als proxims anys. La ALLV –que hauria de ser ratificada en un referendum pel poble valencià– deuria conformar el punt de partida per a resucitar la carrera de Filologia Valenciana, descatalanisar totes les aules i recuperar la llengua valenciana, hui ferida de mort.

37) Llengua Valenciana Si. 2-3-2005.

CATALA, IDIOMA DE FICCIO, IMPOSTURA I FANFARRIA.

Fa segles es donà una situacio curiosa en Europa. La gent parlava en frances, castellà, portugues o valencià al temps que convivia en un idioma de ficcio: el llati. M'explique; el llati era l'idioma en que es feyen les misses, en que s'escrivien els llibres i l'idioma dels cientifics. Pero la gent real no l'usava. Es considerava al llati idioma "cult" i "cientific", en contraposicio a les llengües neollatines, que eren "vulgars" o "planes". Pero al final eixe idioma elitiste acabà com una llengua morta, perque li havia donat l'esquena precisament al poble pla.

Algo aixina ocorre hui en el catala en Valencia. El catala es l'idioma de la paperassa de l'administracio, el dels cartells del metro, l'autobus i l'hospital, el dels periodistes de *Canal Noi* (que en quant s'apaguen les camares parlen en castellà entre ells) i l'idioma dels *cientifics*. El catala es un idioma de ficcio, una mentira, es com eixos falsos escenaris de cartopedra de les pelicules. S'ha convertit en un idioma teoricament *kult* que a l'hora de la veritat ningu parla en el carrer. Com el llati, tambe el catala es l'idioma dels pedants pero no el de la gent real.

Tot aço ve a conte d'una recentissima noticia que diu que el numero de ciutadans que parla el valencià en el nostre països porta estancat des de 1986. Es dir, que vint anys de donar catala en les escoles no han valgut per a res. Es cert que ha aumentat el coneiximent del "valencià" (catala) pero no aixina l'us. De fet, l'estudi diu que tan sols el 49% de la poblacio parla en valencià. Cada volta es coneix mes el catala (perque aixo es lo que donen en les escoles) pero cada volta s'usa menys. Curios. Algo paregut a lo que passava en el seu dia en el llati.

Em pareix a mi que el catala, idioma d'escaparat i ficcio, compatirà el desti del llati. No mos enganyem, si el numero de valenciaparlants no ha millorat gens en vint anys es perque la gent no s'identifica en el catala. El coneix pero no l'utilisa perque no s'identifica en ell. Igual que l'angles. Ad este pas el valencià desapareixera per a deixar pas a una societat que parlarà en castellà i que tindra els rotuls en catala. ¡Si estos vint anys els chiquets hagueren estudiat llengua valenciana en Normes d'El Puig, l'espanyol estaria tremolant a hores d'ara!

38) Critica Social. 2-3-2005.

EL PLA IBARRETXE I LES MISERIES DEL PERIODISME.

En est articul vaig a referir-me a la manipulacio mediatica que els periodistes fan quan parlen de la proposta d'Estat lliure associat de Juan José Ibarretxe, president d'Euskadi. No vaig a detindre'm per tant en valorar si tal proposta es convenient o no. En aixo ya caldria analisar si es una prioritat de la societat vasca o no, si acabarà en ETA o no, si es pot produir un efecte contagi en unes atres autonomies o no... En tot cas, soc dels qui pensa que qualsevol idea pot defendre's en democracia sempre, aixo si, seguint les corresponents regles del joc.

1) Del pla es diu que es secessioniste, que vol balcanisar Espanya i atomisar-la en un grapat d'Estats menuts com de fet ya ocorregue en Yugoslavia. Pero els periodistes menten al dir aço. Perque un Estat lliure associat no es un Estat independent. Si Euskadi es constituira com Estat lliure associat continuaria sent territori espanyol, i el cap d'Estat sería el Rei d'Espanya, igual que l'Estat Lliure Associat de Puerto Rico es territori estatunidenc. Els de Puerto Rico son tan estatunidencs com els d'Ohio o Nebraska. Exactament igual passaria en el País Vasc.

2) Del Pla Ibarretxe es diu que es sobiraniste, independentiste pero es cosobiraniste i semiindependentiste. El pla lo que reclama es una cosobirania vasca i espanyola. I encara que reclamara nomes la sobirania vasca aixo no vol dir necessariament que estiga reivindicant l'independencia politica d'Euskadi. De fet, la sobirania d'Escocia recau en el poble escoces (no en el poble britanic) i no per aixo el Regne Unit deixa d'estar-ho. En este tipo de qüestions moltes voltes

parlem mes de matisos i de les formes que d'alterar la propia essencia en si.

3) Diuen del Pla Ibarretxe que es inconstitucional i efectivament ho es. Pero no per atentar contra l'articul 2 de la Constitucio (en tant que un Estat lliure associat no trenca l'indissoluble unitat de la Nacio Espanyola) sino per reclamar l'adhesio de Navarra (lo qual està prohibit per l'articul 145.1 que en cap cas permet que dos autonomies es federen).

4) Diuen del Pla Ibarretxe que no es democratic pero la realitat es que este ha segut aprovat per la majoria absoluta del Parlament vasc i que es preten sometre dit pla a referendum en la societat vasca.

En resum, no cal pensar en el Pla Ibarretxe com en l'independencia sino com un autogovern mes ampli. De fet, en el Quebec s'ha somes a referendum dos voltes exactament lo mateix que vol Ibarretxe: en este cas concret la possibilitat de que Quebec es constituixca com un Estat lliure associat a Canada. I el govern de Canada li ho permet perque sap que en cas de que guanye el si, Quebec continuaria formant part integral de Canada. Per cert, en els dos referendums que es feren en el Quebec (1980 i 1995), en les dos ocasions guanyà el no.

39) Llengua Valenciana Si. 6-3-2005.

PROTECTORAT ETARRA DE CATALUNYA.

Als catalans els agrada inventar-se tituls. Tal es el cas del Principat de Catalunya, principat de faula i contes de fades que no existix precisament per carir de princip. Perque que yo sapia el principat es Asturies. Si ne volen un titul de ben pompos podrien aplicar-se el de Protectorat Etarra de

Catalunya. I es que gracies a Josep Lluís Carod-Rovira, ETA pot assessinar en qualsevol part del mon exceptuant en Catalunya. ¡Que be que ha de viure u quan sap que el seu territori es troba totalment lliure d'extorsions, raptes, coches bomba i tirs en la nuca!

Per contra, aci patim l'assot terroriste de la banda assessina. Per a ETA Valencia es un objectiu preferent. Els molt canalles cada dos per tres explosionen artefactes bomba en el païs, generalment contra interessos turistics en les comarques del sur. Per sort no sol haver morts, gracies a Deu, pero no deixa de sorprendre que Carod-Rovira que diu que els valencians som catalans i Valencia una regio de Catalunya no estenga el protectorat etarra a la *Catalunya Sud*, es dir, a Valencia. Curios. Per a lo que volen som catalans, pero per a aço no ho som.

I despres encara hi haura gent –benintencionada, segur– que diga que els catalans son els nostres germans. Pero no mos enganyem. Si Catalunya no esten el protectorat etarra a Valencia –a la que considera catalana– es per la mateixa rao per la que es nega a fer un transvas de l'Ebre als *germans* del Sur, o per la que boicotegen la Copa America. Per la senzilla rao de que ells no mos consideren germans, sino una mera colonia. ¿Quín germa digne de tal nom pactaria en un terroriste per a que mate al seu germa a canvi de que ad ell no li faça cap de mal?

40) Llengua Valenciana Si. 7-3-2005.
FINS ALS COLLONS DEL QUIXOT.
Els collons se'm comencen a unflar ya en lo del quart centenari d'*En Quixot de la Mancha*. Sents la radio o veus la

Per a ofrenar noves glories a Valencia

tele i tot es *El Quixot* cap amunt, *El Quixot* cap avall... Que no se m'entenga mal. Està clar que *El Quixot* es una obra lliteraria universal, en una potencia narrativa verdaderament titanica. I està clar que es tot un orgull per a la Lliteratura en llengua espanyola, i en general per a la gent a la que mos agrada llegir. I que Miguel de Cervantes es tot un deu de la lliteratura ningu ho discutix... Tot aço no vaig a ser yo qui ho descobrixca ara.

I està clar tambe que cal promocionar l'obra en l'any del seu centenari. Fins ahi tot be. Lo que me fot es que l'Estat Espanyol pareix que siga l'Estat Castellà puix mai promociona obres lliteraries en uns atres idiomes que no siguen l'espanyol. En el 500 aniversari de l'epic *Tirant lo Blanch* (fon en 1990) l'Estat Espanyol no el va promocionar ni el donà a coneixer al conjunt dels espanyols, ni els digue en cap moment que tambe es pot fer excelent lliteratura en unes atres llengües de l'Estat com ara el valencià. I tal tracte discriminatori no em pareix just.

Encara que, ben pensat, quasi es preferible que siga aixina... Perque en cas de promocionar el *Tirant* de segur que dirien coses tan *cientifiques* com que Joanot Martorell era un autor catala naixcut en Gandia i que escrivia en catala, a pesar de que Joanot deixà firmat del seu propi puny: "Mas encara, de portoguesa en vulgar lengua valenciana perço de la nacio don yo so natural se puxa alegrar e molt auidar (...)". O siga que la cultura valenciana es debat entre ser presentada en el mon com cultura catalana o simplement no ser presentada.

Tampoc el president d'Espanya, José Luis Rodríguez Zapatero, se'n recorda de que fon precisament el propi Miguel de Cevantes al que tant idolatra el qui casualment en *En Quixot de la Mancha* va dir del *Tirant* que era "el millor llibre del mon". Tampoc se'n recorda la RAE ni els promotors del Premi Cervantes que fon precisament Miguel de Cervantes el qui enaltí la Llengua Valenciana (no la catalana), a la qual considerava una "graciosa llengua en la qual nomes la portuguesa pot competir en ser dolça i agradable", etc.

Aixina es que, i molt al meu pesar, continuarém com estem. Continuarém en un Estat en que nomes importa la candidatura de Madrit 2012 als Jocs Olimpics pero no la Copa America 2007 de Valencia, un Estat a on nomes conta l'idioma de Cervantes pero no l'idioma de Martorell, un Estat a on nomes conta *El Quixot* pero no el *Tirant*. I mentres el Quixot s'enfronta a molins, els valencians mos enfrontem a les rodes de moli del catalanoespanyolisme, a Paquito Camps, a Josep Lluís Carod-Rovira i, com no, a l'amic ZP.

41) Llengua Valenciana Si. 8-3-2005.
BATMAN, SUPERHEROE VALENCIANISTE.
Alla per la decada de 1940 la DC dedici crear dos heroes que des d'un primer moment anaven a representar dos estils radicalment diferents. Superman encarna al tipic ciutada conservador del sur d'Estats Units, fill de grangers, que s'ha criat en un ambient rural i 100% america i que vota pel Partit Republicà. Batman encarna al tipic ciutada progressiste del nort d'Estats Units, fill de professionals, criat en un ambient industrial i cosmopolita i que vota pel Partit Democrata. Superman te uns origens molt humils. Batman, de naiximent, es ric.

Superman te uns poders incommensurables que el convertixen en el ser mes poderos del planeta; es quasi un deu. Batman no te cap poder, es un home normal i corrent, mortal com qualsevol atre. Superman es el muscul. Batman es el cervell. Superman sempre obedix i fa obedir les lleis, no li importa si estes son justes o no, per ad ell la llei es la llei i cal complir-la. Batman seguix el dictat de la seua consciencia i obedix les lleis pero nomes si estes realment son justes. Superman està al servici del president d'Estats Units. Batman va per lliure, al seu aire.

Ara imaginem per un moment que estos dos personages de ficcio existiren en la realitat. Imaginem ademes que no son estatunidencs sino valencians. No costa massa imaginar quin dels dos estaria al servici del poder establit i qui estaria en contra. Superman defendria l'anexio de la llengua valenciana a mans del catala, la derogacio del PHN, el boicot a les infraestructures i l'humiliacio del poble valencià... Perque Superman tan sols es un instrument del poder per a defendre l'oficialitat, lo politicament correcte, l'imposicio (a hosties) de la llei.

Pero Batman sería valencianiste. I no sols perque es disfrasse de rat penat, simbol identitari valencià. Batman estaria en contra de l'Academia de Zaplana i recolzaria la llengua valenciana. Perque Batman, a diferencia de Superman, sap que una llei injusta no es llei i per tant cal rebelar-se contra ella. Igual que Davit acabà vencent a Goliat, tambe el debil pero constant Batman sempre acaba derrotant al quasi invencible Superman. D'igual manera el valencianisme acabarà chafant al catalanofascisme en esta desigual guerra entre el be i el mal.

42) Llengua Valenciana Si. 20-3-2005.

GORRINS.

Els veus pertot. En el tren, en el metro, en el parc... Els "gorrins" son una tribu urbana de pseudoprogres, una falsa esquerra. Sa estetica es coneguda: rastes de jamaicans, trenetes africanes, mocadors palestins i una image desarreglada, bruta, immunda. Es vinculen al moviment okupa, neohippi, comuniste i antiglobalisador pero en el fondo son tan faches que tilden de faches a tot el qui no pense igual que ells. Els seus enemics naturals son els "calps" o neonazis en els que se solen enfrontar molt a sovint. Son tal per a qual. Ixca desaparegueren els dos.

Molts alardegen d'ecologisme tronat i irresponsable. Per als gorrins el transvas de l'Ebre atenta contra el mig ambient pero la pertinaç sequia en Valencia (en la perdua de terra cultivable i l'alvanç de la desertificacio que aixo comporta) no es cap problema per a l'ecologia. Repudien la globalisacio pero tots porten cares sabatilles de marca fabricades en l'India, van a qualsevol lloc en bici entre semana i el dissabte en el Ford Focus que els ha regalat el pare. Una concentracio d'uns pocs d'ells supera ampliament qualsevol campeonat del mon de polls.

Son tan ignorants que es fan pancatalanufos perque ho associen en ser d'esquerres. El poble els coneix i passa de manifestar-se en sa companyia, no siga que una mani a favor d'un mon mes just acabe convertint-se en una reivindicacio dels *Països* com sol ocorrer. La majoria presumix de sa catalanitat a pesar de que parla sempre en espanyol. Uns atres parlen el valencià de sos pares pero insistixen en que es catala o fan una barreja de valencià, catala i espanyol que posa els pels de punta... O amollen tot tipo de catalanades per a aparentar ser *kults*.

Per a ofrenar noves glories a Valencia

Els gorrins valencians colaboren estretament en el mon
pancatalanufo i en ETA; de fet els faciliten soport llogistic
als etarres per a que posen bombes en Valencia "per a
llibertar els *Païsus Imaginaris*", ya se sap. Lluixen simbols
dels *Païsus*, Unio Sovietica, Euskadi i Palestina, conceptes
com "higiene" o "neteja" son del tot desconeguts en el seu
vocabulari, li temen mes al champu que Superman a la
kriptonita, fan olor a porro, a tabac i a brut, ¡i porten una de
runa i de merda damunt...! Lo millor es apartar-se d'ells, no
siga que mos apeguen algo.

43) Llengua Valenciana Si. 21-3-2005.
**ELS ECOLOGISTES: LA DRETA MES CARCA,
CONSERVADORA I ANTIPROGRESSISTA DEL MON.**

> "Un conservador es un home que creu
> que res deuria fer-se per primera volta".
> Alfred E. Wiggam (periodiste).

Anem a partir d'eixa idea generalisada de que la dreta es
per naturalea conservadora i reticent al canvi, que te por de
que les coses alvancen, i que l'esquerra es per naturalea
progressista, moderna i que vol canviar el mon per a
millorar-lo. Be, est es un simplisme tan discutible com
acceptat socialment i en el que personalment no estic d'acort,
les coses no son tan facils, pero en qualsevol cas –i encara
que siga per una volta– el donare per bo.

Aixina veem que l'esquerra ha promogut canvis positius
en l'historia com el sufragi universal masculi, el dret al vot
de la dona, l'alfabetisacio general dels chiquets, l'Estat del

benestar, la millora de la vida de la classe obrera. Per contra el conservadurisme –temeros de tot canvi– es nega per sistema a qualsevol alteracio que afecte als privilegis de l'elit: no al sufragi universal, no a la sanitat publica, no a l'educacio publica de calitat, etc.

Si partim de la base de que promoure canvis per a fer alvançar la societat es esquerrà i progressiste i que pretendre que el mon continue immutable fins al Juï Final es dretà i conservador, llavors l'ecologisme es en el fondo la dreta mes conservadora i antiprogressista del mon. La cita d'Alfred Wiggam "Un conservador es un home que creu que res deuria fer-se per primera volta" definix a la perfeccio lo que es un ecologiste, un vert.

¿Fem un transvas d'aigua? ¡No al transvas d'aigua! ¿Fem una autovia? ¡No a l'autovia! ¿Fem una carretera? ¡No a la carretera! ¿Fem el AVE? ¡No al AVE! Esta es la forma de pensar dels verts (que ademes son catalanufos). El no per norma al progrés material i economic. Si per ells fora viuriem en l'Edat de Pedra... ¿Inventem la roda? ¡No a la roda! ¿Inventem les cases? ¡No a les cases! ¡Ya estem be en la cova, que per algo es mes ecologica que una casa!

Es la mateixa gent que en el seu dia anava a tirar pedres al tren al vore-lo passar o que assegurava que el coche era un artefacte de Satan o que les vacunes –per artificials– havien de ser forçosament nocives per al ser huma. Tant els conservadors de dretes –que s'oponen al progrés social i civil– com els conservadors d'esquerres –que s'oponen al progrés material i economic– son possiblement els dos majors llastres que pot arrossegar qualsevol païs.

No dic yo que no calga un respecte per al mig ambient; les tonellades de merda que estem llançant als rius i a l'atmosfera mes tart o mes pronte mos han de passar factura.

Per a ofrenar noves glories a Valencia

Cal protegir la naturalea. Pero aixo no significa fer un ecologisme tronat, irresponsable i catalanufo que s'oponga per norma a qualsevol infraestructura. Sols quan la gent es done conte de que ecologia i economia no son incompatibles, començarém a anar pel bon cami.

44) Llengua Valenciana Si. 21-4-2005.
COLONIA AUTONOMA VALENCIANA.
A proposit de que en estos dies es parla de reformar l'Estatut i tots els grups socials i politics aprofiten per a fer-ne propostes, no vullc ser yo menys que ningu. La meua proposta es que es canvie la denominacio oficial del territori, la qual passaria de Comunitat Autonoma Valenciana a Colonia Autonoma Valenciana, un nom molt mes adequat a la realitat social i politica del poble valencià, un nom que faria honor a lo que realment som.

I arguments a favor no em falten. Primer, el president del Consell d'Estat, Francisco Rubio Llorente, es permet el lux de manifestar-se a favor de la Comunitat Nacional Catalana en la propia Valencia. Algo tan sols comparable a que el rei de Marroc Mohamed VI reclamara en la propia Ceuta l'anexio de Ceuta, Melilla i les Canaries a mans del seu països. Pero no passa res, els valencians aguantem... ¡Que lo d'engolir se mos dona be!

En acabant mos desdejunem en que un canal catalanufo (*Info TV*) emetrà en Valencia. Mes tart, mos pregunten des de la Generalitat Catalana que si volem el *Canal Eurorregio* –la Televisio dels països catalans–, i encara que Paquito Camps ha dit que no, estic convençut de que en quant governe el PSPV els valencians pagarém en els nostres imposts una televisio que en el mapa de l'orage inclou a Valencia dins de Catalunya. No passa res.

El PP, PSPV i EU volen incloure l'Academia Valenciana de la Llengua Catalana (AVLLC) en l'Estatut, lo qual significarà la mort oficial i estatutaria de la llengua valenciana i que els valencians parlem catala. I per a acabar, Eliseu Climent i els seus subvencionats *nois* provinents de Tarragona, mos visitaran com cada 25 d'Abril. ¿I a tot aço qué contesta el poble valencià? "Si, buana". Lo dit: ¡¡¡volem Colonia Autonoma Valenciana ya!!!

45) Llengua Valenciana Si. 26-4-2005.
¿PER A QUAN UN REFERENDUM PER LA LLENGUA VALENCIANA?

A mida que s'acosta la cita de les eleccions autonomiques de 2007 es fan cabales sobre resultats, pactes, etc. Es molt provable que Coalicio Valenciana (CV) entre en les Corts i siga un partit frontiça. El president de CV, Joan García Sentandreu, ya ha dit mes d'una volta que, en cas de tindre la clau de la governabilitat, donarà el seu recolzament al PP, pero que aixo no li eixiria gratis al president de la Generalitat Paco Camps, puix el pacte passaria necessariament per eliminar el catala i fer oficial la llengua valenciana. Per cert, ya aniria sent hora.

No es pot tornar a caure en l'erro de 1995. El president d'Unio Valenciana (UV), Vicent González Lizondo, va tindre l'oportunitat d'erradicar el catala i no li donà la gana. Preferi cobrar i callar, traïcionar als votants. Es imprescindible fer-se en el control de la Conselleria de Cultura i Educacio, dels mijos de comunicacio i de les Universitats. Aixina com tambe ho es derogar l'Academia Valenciana de la Llengua (AVLL), i crear una Academia de la Llengua Valenciana (ALLV) i descatalanisar i valencianisar l'escola, l'administracio, els mijos, etc.

I cal reformar l'Estatut per a que deixe clar i ras que el valencià es un idioma independent i distint del catala. Ara be, res de tot lo anterior valdra per a res si no es fa un referendum (o consulta popular en el seu cas) a on el poble ratifique tot aço. Puix sense referendum el dia que el **PP** torne a governar en majoria absoluta o governe un tripartit d'esquerres, ho desfaran tot i el cancer catala tornarà. No calen solucions per a quatre anys sino solucions per a sempre. I un referendum ho es. Cap govern futur s'atreviria a llegislar contra ell.

Cal utilisar els mijos de comunicacio per a calfar l'ambient de cara a votar dos referendums: 1) "¿Accepta voste que en l'Estatut Valencià figure que el valencià es una llengua independent i distinta de la catalana i de qualsevol atra, que funciona en les Normes d'El Puig i que l'ent regulador es la ALLV?" 2) "¿Desija voste que el nacionalisme catala desistixca del seu intent d'incloure a Valencia en el seu proyecte de països catalans i que deixe en pau al poble valencià d'una volta per totes i per a sempre?". A vore el poble qué es lo que mos diu.

46) Llengua Valenciana Si. 28-4-2005.
25 D'ABRIL: L'ENEMIC NO ES CATALUNYA.
El 25 d'Abril es commemora la derrota en la Batalla d'Almansa i es reivindiquen les llibertats nacionals... Es un dia significat per als valencians. Tots sabem lo que va

ocorrer, la guerra, l'abolicio dels Furs, la repressio politica, la persecucio de la llengua valenciana... Pero hui es absurt culpabilisar de la desfeta a este o aquell puix, com es evident, ningu es responsable dels actes dels seus antepassats. Ya fa moltissim de temps de tot allo.

El problema radica en que, com en 1707, Espanya continúa humiliant al poble valencià en 2005. ¿Eixemples? El president del Consell d'Estat, Francisco Rubio Llorente, a favor d'incloure a Valencia en la Comunitat Nacional Catalana. Un nou canal panca –*Info TV*– ya emet la seua propaganda en el païs. El *Canal Eurorregio* sera una realitat en els proxims anys. La policia nacional dete a un chic per parlar en valencià. I la cosa no acaba aci.

La Biblioteca Nacional –d'Espanya– cataloga els llibres escrits en valencià com a lliteratura en catala. La Real Academia Espanyola (RAE) publíca un diccionari a on diu que el valencià es un dialecte del catala (abans deya que era una llengua) i el seu director, Victor García de la Concha, mos ho refrega per la cara. Els politics valencians –per orde de Zapatero i de Mariano Rajoy– promouen la paulatina catalanisacio del nostre païs.

PP i PSOE –partits espanyols– estan d'acort en fer oficial el catala en l'Estatut. Els aragonesos, als quals paguem les seues pensions, es manifesten contra el transvas de l'Ebre. I ara els manchecs es neguen tambe a fer un transvas del Tajo. Les Escoles Oficials d'Idiomes acorden que el valencià no existix. ZP es nega a acceptar el valencià en el seu memorandum de les llengües. Derogacio del PHN i marginacio pel que fa a infraestructures, etc.

Tots els eixemples que he citat ades –absolutament tots– son humiliacions que provenen... ¿De Catalunya? ¡No! ¡D'Espanya! No sigam ingenus... Els nacionalistes catalans no podrien fer-mos cap mal si Madrit no vullguera que mos el feren. Son els partits espanyols (PP i PSOE) els disposts a regalar Valencia als catalans. La traïcio, el perill, l'amenaça, l'ultrage... mos arriben d'Espanya. El mal ve d'Almansa. Hui, igual que en 1707.

No, l'enemic no es Catalunya. L'enemic es Espanya, perque es la que permet que el catalanofascisme s'estiga menjant a Valencia. Hui en dia el catalanisme no prove de Barcelona, sino de Madrit. Al cap i a la fi, els que tracten a Valencia com si fora una prostituta que es ven al millor postor son els partits estatals (PP i PSOE). ¿Val la pena oferir noves glories a un Estat (Espanya) que mos diu als valencians que som catalans del sur?

47) Llengua Valenciana Si. 17-5-2005.

CATALANOESPANYOLEROS: LO MILLORET DE CADA CASA.

A qui li agrade el mon de *Dracs i Masmorres* i el de la fantasia cavalleresca en general, sabra be que en ell se poden trobar races pures (humans, elfs, orcs, gnoms...) i races hibrides (semiorcs, semielfs...) que son el fruit del creuament sexual de dos sers de races pures diferents. Per eixemple, un semielf naix de l'amor d'un home huma i una dona elfa, o d'un elf i una humana. Un semielf ni es completament huma ni tampoc elf; es una barreja i aglutina una serie d'habilitats i caracteristiques (fisiques, biologiques, magiques...) dels dos.

¿A sant de qué ve esta explicacio de la Falla? Ve a que en esta nacio que es Valencia tambe hi ha valencians de *races pures i hibrides*. De pures tenim els valencianistes (llengua i nacio valencianes), catalanufos (llengua i nacio catalanes) i els espanyoleros (llengua i nacio espanyoles). Despres tambe ne trobem races hibrides, com els valenciaespanyols (llengua valenciana, nacio espanyola), els catalanovalencians (llengua catalana, nacio valenciana) i una nova i sorprenent raça: els catalanoespanyoleros, els quals reunixen lo *milloret* de cada casa...

Estos ultims diuen que els valencians parlem catala i som espanyols. Solen ser de PP i PSOE, presumixen d'idioma catala i de "País Valencià", ara be parlen sempre en espanyol i porten l'estanquera en el cor. De totes les races es esta la mes immunda. En fi, temps de crisis, temps de confusions... En el segle XV –el Segle d'Or de la nostra historia– els valencians teniem ben claret que erem valencians i que parlavem en valencià. Casualment en aquella epoca en que no hi havia dubtes sobre la nostra identitat, Valencia era el millor país del mon.

48) Llengua Valenciana Si. 18-5-2005.

¿EN ESPANYA YA TENIU COCHES O ENCARA ANEU MONTATS EN RUC?

Molts espanyoleros argumenten que si Valencia fora un Estat independent sería un estat insignificant sense cap pes en el mon, que un Estat tan chicotet no podria defendre be els seus interessos i que ningu el sabria situar en el mapa. Per als interessos valencians lo mes convenient es estar dins d'Espanya –segons els espanyoleros– puix es este un Estat que conta en un relatiu prestigi, influencia, poder i força a escala internacional. Pero ¿es cert aço?

El governador de Florida, Jeb Bush, presentà en el seu dia a José María Aznar no com president del Govern del Regne

Per a ofrenar noves glories a Valencia

d'Espanya, que es lo que era llavors, sino com "el primer ministre de la Republica Espanyola" quan el de primer ministre es un carrec que no existix en l'Estat i des de 1939 Espanya ya no es una republica. El president d'Estats Units, George W. Bush, preguntà "si la Moncloa era el rancho d'Aznar". En aixo està dit tot.

En la foto de les Açores sols els diaris espanyols retrataren als tres mosqueters. En l'estranger, publicaren la foto de Bush i del primer ministre britanic Tony Blair i retallaren la cara d'un president trivial (Aznar) d'un Estat insignificant (Espanya). Si vas a Estats Units i dius que vens d'Espanya, es pensen que eres mexicà i et pregunten si en Espanya la gent te duches o si es banya en el riu, si dispon de coches o si encara va montada en ruc.

Recorde un programa de *Caiga qui caiga* en que u dels periodistes es traslladà a Estats Units i abordà a la gent en mig del carrer: "Per favor, situe Espanya en este mapa d'Europa". El primer va senyalar França, el segon Finlandia i nomes el tercer situà correctament Espanya. Potser alguns diran que aço es deu a que el poble estatunidenc es ignorant en general i no sap a on es troba Espanya perque ni sap d'Espanya ni sap de res.

Pero Espanya es ningunejada en tot lo mon. En 2003 tenistes espanyols acodiren a Australia per a disputar un partit i alli sonà l'himne de la Republica Espanyola... ¡Ignoren inclus quín es l'himne de l'Estat! En la prensa internacional a penes es parla d'Espanya, en la boda del Princip Felip hi hague un rosari d'absencies de caps d'Estat, i ni tan sols America Llatina considera important hui per hui a Espanya, ¡i aixo que parlem del Tercer Mon!

Esta es la proyeccio internacional d'Espanya. Est es l'orgull i el prestigi internacional de ser espanyol. Es per lo tant que yo em pregunte: Ya que ni ni dins d'Espanya ni tampoc fora d'ella van a saber en l'estranger a on està situada Valencia ¿per qué no optem per una Nacio Valenciana lliure i sobirana en lloc d'argumentar una inexistent força i prestigi internacionals com a grans ventages de permaneixer en un Estat sense cap pes en el mon?

49) Llengua Valenciana Si. 19-5-2005.

LES MIL I UNA VENTAGES DE SER ESPANYOL.

1)   La primera i fonamental es que ofrenem noves glories a un Estat que diu que els valencians parlem catala.

2)   Valencia aporta el 11% de la riquea total de l'Estat pero tan sols rep el 5%.

3)   Com a premi per la nostra solidaritat, els aragonesos mos bramen: "¡Ni una gota d'aigua per als valencians!".

4)   Els forasters (madrilenys, etc.) en la nostra propia terra mos diuen: "¡Eh tu, a mi em parles en cristia!".

5)   Els nostres diners servixen per a construir infraestructures en la Meseta i Catalunya.

6)   En 2002 el port de Barcelona rebe cinc voltes mes diners que el de Valencia.

7)   En 2003 l'ampliacio de Barajas s'emportà el triple de lo presupostat per a tota l'autonomia de Valencia.

8)   ¿PHN, AVE, Parc Central, Parc Industrial de Sagunt...? ¡No passa res, la Copa a l'any que ve!

9)   José María Aznar, Eduardo Zaplana i Jordi Pujol acordaren fer oficial el catala en Valencia.

10) PP, PSOE i EU —els tres son partits espanyols— ficaran el catala dins de l'Estatut Valencià.

Per a ofrenar noves glories a Valencia

11)   ETA mos fica bombes per ser Valencia territori espanyol.

12) El memorandum de llengües de ZP sols parla de castella, gallec, vasc i catala... ¿I el valencià qué?

13) El valencià no es una llengua oficial en l'Unio Europea (UE) perque no som un Estat independent.

14) Les taronges marroquines inunden Valencia cada volta que Espanya vol quedar be en Marroc.

15) Els futbolistes valencians juguen en una seleccio –l'espanyola– que sempre cau en octaus de final.

16) Ni Expo ni JJOO ni Capital Cultural Europea ni res de res. Damunt, ¡boicot a la Copa America!

17) La Biblioteca Nacional –d'Espanya– califica els llibres en valencià dins de l'epigraf de CAT.

18) El diccionari de la RAE diu des de 1970 –abans no– que el valencià es una variant del catala.

19) Si forem un Estat independent, no vindrien a manifestar-se cada 25 d'Abril a favor dels PPCC.

20) En les Escoles Oficials d'Idiomes –dependents d'Espanya– s'ensenya "valencià-catala".

21) El president del Consell d'Estat (Espanyol) inclou a Valencia en la Comunitat Nacional Catalana.

22) La Policia Estatal Espanyola et dete simplement per identificar-te en valencià.

23) La Policia Estatal Espanyola et nega la possibilitat de fer una denuncia si es en valencià.

24) TV3 emet la seua propaganda panca en terres valencianes.

25) La festa de la Geperudeta –patrona dels valencians– no ix en cap mig de comunicacio estatal.

Etc.

Josué Ferrer

Etc.

Etc.

¡Ale, a ofrenar noves glories a Espanya!

50) Llengua Valenciana Si. 20-5-2005.

¡¡¡PARLAR EN VALENCIÀ ES PARLAR EN CRISTIA!!!

El despreci dels hispanoparlants cap a la llengua d'Ausias March no coneix llimits. Primer, mos trobem en el cas de Xativa, a on la policia demana a un menor d'edat que s'identifique. Este ho fa en valencià. La policia li diu que "parle en cristia". El chicon torna a identificar-se en valencià, puix sa documentacio està en eixe idioma i la policia se l'emporta detingut a comissaria. Detingut per fer us d'un dret amparat per l'Estatut i la llei.

Poc mes tart, el cas de Gandia. A un veï de Tavernes de la Valldigna li furten la cartera en Barcelona. Com que ha perdut la documentacio acodix a la comissaria de policia de Gandia –ciutat en que treballa– per a preguntar els requisits per a expedir un nou DNI. Al sentir-lo parlar en valencià, la policia li contesta: "En castellà". Cap dels policies volia parlar el valencià. Al final li diuen que no l'atenen si no parla en espanyol i ell endafat se'n va.

En acabant toca Vilarreal. Un regidor d'eixa ciutat vol denunciar en la comissaria que el seu fill ha segut apalissat per un grup de neonazis pero no el deixen presentar la denuncia en valencià. "Si voste vol que li atenga deura parlar en castellà. En valencià no li entenc" –diuen–. Fa nomes uns dies el contertuli Juan Adriansens en un programa de la TVV de la qual cobra li contestà a un atre contertuli: "¡A mi em parles en cristia!". En el sigle XXI.

Com a colofo final, la Policia Estatal Espanyola –si, novament ella– dete i colpeja en les porres a un ciutada, Toni Siles, tan sols per fer us del seu dret a la llibertat d'expressio durant la manifestacio del 25 d'Abril. Com que portava una Real Senyera "incitava a la violencia" segons la policia. Novament la policia del costat dels catalanufos, els que donen vixques a ETA i Terra Lliure. Ya els ho recordarem quan ETA torne a assessinar-los.

I tot aço quan encara tenim recent en la memoria el cas de Tony Cabban, regidor de l'Ajuntament de Xabia que va dir en el periodic *The New Entertainer* que "encara que l'enten, per principis no contesta cap pregunta feta en valencià en els plens". O el cas d'eixa parella de valencians a la que li negaren el dret d'adoptar chiquets tan sols perque nomes sabia parlar en valencià. Quan si es una parella que nomes sap parlar castellà no passa res.

Nomes volia dir-los a estos maleducats tres coses. 1) El valencià es un idioma tan cristia com l'espanyol puix Valencia no es territori musulma. 2) Si tingueren un minim de cultura, respectarien una llengua –el valencià– que tingue un Segle d'Or lliterari abans que l'espanyol. 3) Si tingueren un minim de decencia es molestarien en deprendre a parlar en valencià en agraïment a la terra que els donà treball quan eren uns mesetaris morts de fam.

51) Llengua Valenciana Si. 31-5-2005.

ESTATUT D'AUTONOMIA, CARTA COLONIAL.

Ya n'hi ha Estatut. Un Estatut fet des de Madrit a esquenes dels valencians. Un Estatut de minims que mos ha usat als valencians com a conills d'Indies per a detindre les aspiracions autonomistes de les atres comunitats. Com ha dit Felip Puig, portaveu de Convergencia i Unio (CIU): "Es un intent d'actualisar el cafe per a tots i damunt esta volta descafeinat". Un Estatut que es una burla per als valencians, que s'ha fet de pressa i corrent com en 1982.

Entre lo positiu destaca la consideracio de nacionalitat historica, la recuperacio del dret foral aixina com la capacitat de dissoldre les Corts anticipadament. Uns exits que podrien ser considerats com a tals en 1982, no hui. La famosa "clausula magica" que es trague de la manega Paquito Camps tan sols evidencia l'incapacitat dels politics valencians per a obtindre una competencia si esta no ha segut obtinguda primer per catalans o vascs.

Entre lo negatiu es mante la barrera del 5%, no s'assegura la finançacio, no hi ha Agencia Tributaria propia, ni un Tribunal Suprem Valencià i s'ha perdut una oportunitat historica per a reivindicar l'independencia de l'idioma valencià, una fiscalitat foral com la d'Euskadi o Navarra, o l'eliminacio de les provincies per a que estes siguen substituides per comarques, lo qual honraria a la nostra historia i aportaria vertebracio nacional al païs.

Pero lo pijor es que des de la Generalitat Catalano-Valenciana s'han fet tots els esforços per a incloure l'Academia Valenciana de la Llengua Catalana (AVLLC) en l'Estatut, els membres de la qual seran triats per acort de 2/3 de les Corts. Parlant en cristia: PP i PSPV han oficialisat el catala via estatutaria. Aixo si, politics i prensa s'han cuidat molt de silenciar este detall; ¡no siga cosa que el poble valencià s'escarote i no mos vote mes!

Yo, en lo personal, eixercire eixe dret natural inherent a tots els sers humans que es l'objeccio de conciencia i la desobediencia civil. Entenc que un Estatut que fa oficial el catala en Valencia quan el 70% dels valencians diu que el valencià i el catala son dos llengües distintes (CIS de 2004) es una traïcio al poble. Una llei injusta no es llei, i per tant no cal obedir-la. Ad este nou Estatut li donare un bon us en una nit de diarrea per a ya sabeu qué.

52) Llengua Valenciana Si. 7-6-2005.
PREJUÏNS DELS CATALANS CAP A VALENCIA.
Lo bo de ficar el correu-e a disposicio dels llectors es que m'escriuen i opinen sobre els meus articuls. U dels llectors, un chic molt educat de Girona, em mostra que els catalans tenen prejuïns cap a Valencia. I si destaque estos prejuïns es mes que res perque pense que son comuns en molts catalans, no sols a aquell chic.

¿PER QUÉ MOS ODIEN?
Hi ha molts catalans que no entenen el sentiment d'odi que hi ha en Valencia cap a Catalunya. Diuen que no mos han fet res per a que els odiem. A mi em recorda molt a eixa actitut de molts estatunidencs que en tota perplexitat es pregunten a si mateixos per qué hi ha tant d'antiamericanisme en el mon. "¿Per qué mos odien en Iraq? ¡Pero si hem anat a lliberar-los! ¿I cóm mos ho paguen? ¡Intentant assessinar-mos! ¡No entenc per qué eixe odi!". No parlem d'odi irracional sino de que tant Estats Units com

Catalunya son pobles imperialistes que volen quedar-se en lo que no es seu. Per aço Catalunya es odiada pels pobles veïns i Estats Units per tot lo mon.

ENVEJA DE CATALUNYA.

Uns atres diuen que en Valencia hi ha tant d'anticatalanisme perque els valencians tenim enveja de Catalunya. Yo pense que el valencià es un poble que no destaca per ser envejos pero ficats a ser-ho dic yo que sería mes llogic tindre cels d'Estats Units, Alemanya, Italia o Japo abans que de Catalunya. ¿O es que Catalunya es ara un païs tan important a nivell mundial com per a que tots li tingam enveja? Els catalans no tenen la renda per capita de Luxemburc, ni la democracia directa de Suïssa, ni el petroleu de Veneçuela, ni el tamany de Canada, ni la tecnologia punta de Japo... En tots els respectes... No es pot tindre enveja d'un païs que no destaca en res.

VALENCIA, POBLE FACHA.

Als valencians se mos considera un poble facha, carca, pepero, de l'Opus, folcloric, envejos, acomplexat, oixos, espanyolero, botifler i un llarc etcetera. Lo que em pregunte es... Si tant d'oix fem ¿per qué insistixen, erre que erre, en federar-se en mosatros? No ho entenc. Perque si a mi no em cau be el meu veï no li proponc que se'n vinga a viure al meu pis. Lo ben cert es que darrere de la suposta *germanor* de valencians i catalans sols hi ha una intencio d'expansionisme colonialista, un proyecte –el de la Gran Catalunya– que recorda massa al de la Gran Serbia de Slobodan Milosevic o a la Gran Alemanya d'Adolf Hitler. I com diu el lema: ¡nazis no!

Per a ofrenar noves glories a Valencia

Per lo tant, amics catalans, ni odis oligofrenics ni rancies enveges ni ultradretes neofraquistes. Tot aixo es el fruit dels prejuïns. Els valencians lo unic que volem es viure tranquilament, sense ingerencies de fora, sense Eurorregions, ni Comunitats Nacionals Catalanes, ni països catalans. Nomes volem que mos deixeu viure en pau.

53) Llengua Valenciana Si. 25-6-2005.
ELS SECESSIONISTES CATALANS CONTRA L'UNITAT DE LA LLENGUA.

"No es el catala una llengua romanica que sempre haja estat entre les llengües en personalitat propia: tot lo contrari, era considerat com una varietat dialectal de la llengua provençal, i nomes des de fa relativament poc, ha mereixcut la categoria de llengua neollatina independent".

ANTONI BADIA MARGARIT. Catala.
Rector de l'Universitat de Barcelona. Academic de la RAE i del IEC. Catedratic de Gramatica Historica de la Llengua Espanyola i de Gramatica Historica Catalana en l'Universitat de Barcelona. President d'honor de la Societat de Llingüistica Romanica.
FONT: *Gramatica historica catalana* d'Antoni Badia Margarit. 1952.

Que siguen precisament els catalanufos qui mos tilden de *secessionistes* als valencianistes resulta ben ironic. Perque el catala fon un dialecte de l'occita fins a principis del segle XX, quan, per motius politics, els catalans decidiren secessionar-se de la llengua mare per a elevar l'estatus del catala de dialecte a idioma. I aço no ho dic yo sino que ho diu Badia Margarit, rector de l'Universitat de Barcelona i catala per a mes senyes. Si els catalanufos realment volen unitat de la llengua deurien predicar en l'eixemple i acceptar que el catala es un dialecte de l'occita. ¿Acas no s'entenen catalans i occitans? A vore si tenen collons de dir que no entenen aço:

"L'occitan e lo catalan son doas lengas neolatinas bessonas que divergisson subretot pels sons i las diftongacions. Entre occitans e catalans, i a diferéncias, mas tanben se tròban una enorme quantitat de semblanças coma non se tròban en pas cap altres pobles. L'afinitat culturala e lingüistica de las nacions occitanas e catalanas non ten pas cap altre parallèl semblant al mond".

¿Acas no sabeu els catalanufos que lo que es parla en Occitania s'enten quasi a la perfeccio en el catala? ¿ O es que no sabeu que la llengua occitana –fa segles coneguda com llemosina– arribà a lo que hui es Catalunya des del nort durant la Reconquista? ¿No sabeu que la Marca Hispanica es poblà de gent de terres occitanes? ¿Cal recordar que Jaume I era el senyor de Montpellier i que lo que es parlava alli es lo mateix que es parlava en els comtats precatalans? Pero si catala, valencià, balear, aragones oriental, gasco, aranes, provençal, llemosi, occita, auvernes, llenguadocia, etcetera, es tot la mateixa llengua ¿no? ¿Per qué els catalans volen secessionar-se?

Si volen unitat de la llengua: unitat de la llengua occitana. Si volen unitat nacional: Països Occitans. Lo que es ridicul es dir que valencià i catala son la mateixa llengua perque

Per a ofrenar noves glories a Valencia

s'entenen i son molt similars i despres dir que el catala i l'occita son dos llengües distintes quan les dos compartixen un 90% de similituts. O es tot lo mateix o tot son llengües bessones pero independents... Ara be, si els catalans volen defendre que el catala es una llengua distinta de l'occita, per la mateixa regla de tres valencians i balears tambe tenim dret a defendre que parlem llengües distintes del catala. Perque una atra cosa sería la llei de l'embut. I no es gens cientific aço.

54) Llengua Valenciana Si. 29-6-2005.
LLENGUA VALENCIANA I DIALECTE CATALA.
Els catalanufos sostenen la tesis de que a partir de la reconquista en Valencia es parla el catala i que si ara el poble valencià no ho vol reconeixer es perque ha segut manipulat per la dreta espanyolera que vol dividir-mos. A continuacio ne ficare dos cites, una d'un autor valencià i una atra d'un catala, per a comprovar si aixo es cert o no.

1) "E com, entrels altres hystorials qui han tractat dels fets
virtuosos de Roma, en compendios o breus stil e molt
sentenciosos, sia valeri, lo qual vos, Senyor, hauets
singularment per mans, qui, designants quels homens qui no
son gramatichs entenguen lo dit Valeri perfectament, lo qual
es peregri e poch comunicat per lo regne d'Arago, e aço per
lo estret estil que serua en sa ordinacio: per que yo, a
manament de vostra senyoria, el tret de lati en nostra vulgada
lengua materna valenciana, exi breu com he pogut, jatse sia
que altres lagen tret en lengua catalana".

FRA ANTONI CANALS. Valencià.
Sacerdot, escritor i traductor.
FONT: Prolec de l'obra *Fets i dits memorables*
de Valeri Maxim. 1395.
<u>NOTA:</u> ¿Secessionisme en el segle XIV? Esta es una
cita de valor incalculable puix demostra que ya en el
segle XIV es diferenciava clarament entre valencià i
catala i que no existia consciencia de que el valencià
fora un dialecte del catala.

2) "No es el catala una llengua romanica que sempre haja
estat entre les llengües en personalitat propia: tot lo contrari,
era considerat com una varietat dialectal de la llengua
provençal, i nomes des de fa relativament poc, ha mereixcut
la categoria de llengua neollatina independent".

ANTONI BADIA MARGARIT. Catala.
Rector de l'Universitat de Barcelona. Academic
de la RAE i del IEC. Catedratic de Gramatica Historica
de la Llengua Espanyola i de Gramatica Historica
Catalana en l'Universitat de Barcelona. President d'honor
de la Societat de Llingüistica Romanica.
FONT: *Gramatica historica catalana* d'Antoni Badia
Margarit. 1952.

PREGUNTA: ¿Cóm pot ser el valencià dialecte del catala
si el valencià es considerava idioma independent ya en el
segle XIV mentres que el catala encara a principis de segle
XX era un dialecte del provençal? ¿No sera mes be que

Per a ofrenar noves glories a Valencia

l'independencia de la llengua valenciana nomes comença a qüestionar-se a partir del naiximent del nacionalisme expansioniste catala a finals de segle XIX? ¿A la llum d'estes dos cites no resulta mes coherent pensar que una volta que els catalans decidixen a començaments de segle XX independisar el dialecte catala de la llengua provençal decidixen tambe reduir la llengua valenciana a mera variant dialectal del recent naixcut idioma catala per a anexionar-se la seua lliteratura classica del Segle d'Or? ¿Acas te dret el catala de ser un idioma independent pero el valencià no? ¿No sera que lo que t'han contat en l'escola podria ser fals?

55) Llengua Valenciana Si. 6-7-2005.
VALENCIÀ I ANDALUS: EL JOC DE LES 7 DIFERENCIES*.

*Articul guardonat en el primer premi del Concurs d'Articuls El Palleter el 21-2-2008.

Molt a sovint, en un alardo d'ignorancia, de manipulacio o d'abdos coses, es soste la següent tesis: "el valencià es la mateixa llengua que el catala, considerar el valencià com una llengua distinta de la catalana sería com si considerarem a l'andalus un idioma distint del castellà". Pero ¿realment es aixina? ¿Els casos del valencià i de l'andalus son identics? Al llector li proponc un joc, el de les 7 diferencies; a vore si pot trobar-les.

1) La societat andalusa considera que l'andalus i l'espanyol son la mateixa llengua. La societat valenciana afirma que valencià i catala son dos idiomes distints

(concretament, el 70% dels valencians segons el CIS de 2004).

2) Parlant de lliteratura, Andalusia no ha tingut mai un Segle d'Or. Valencia va tindre el primer Segle d'Or de totes les llengües neollatines –el segle XV–, segles abans de que naixquera Catalunya. Es ben significatiu aixo.

3) Els escritors andalusos sempre han afirmat escriure en espanyol o castella. Per contra, cap autor del Segle d'Or afirmà MAI escriure en catala o que el valencià i el catala foren la mateixa llengua. Torne a repetir-ho: CAP.

4) En Andalusia no hi ha texts seculars d'autors andalusos que diferencien entre andalus i castellà. Pero en Valencia si existixen. De fet, Fra Antoni Canals, en 1395 afirmà: "(...) el tret de lati en nostra vulgada lengua materna valenciana, exi breu com he pogut, jatse sia que altres lagen tret en lengua catalana". Mes claret aigua ¿no?

5) En Andalusia sempre s'ha utilisat la denominacio "espanyol o castellà" per a referir-se a la seua llengua. I en l'actualitat –llevat de casos excepcionals– ningu contradiu eixa nomenclatura. En Valencia tota la vida s'ha afirmat parlar en valencià, i nomes des de temps historics recents hi ha un intent de dir-li catala a la llengua dels valencians, concretament des del naximent del nacionalisme expansioniste catala, datat a finals del segle XIX.

6) Andalusia no existia abans que Espanya. Per contra, Valencia existia segles abans del naximent de Catalunya. Ho dic mes que res perque els llocs geografics son els que otorguen el nom a un idioma ¿vitat que si?

7) No hi ha autors espanyols (significatius) que reconeguen l'andalus com idioma distint del castellà. Pero si hi ha de catalans que admeten que valencià i catala no son la mateixa llengua: Pompeu Fabra, Antoni Badia Margarit,

Per a ofrenar noves glories a Valencia

Antoni Rubió i Lluch, Manuel Montoliu, Francesc Carreras i Candi, Francesc Pi i Margall, etc.

CONCLUSIO: Sense eixir de la Peninsula, trobem tambe el cas del gallec i el portugues, dos llengües bessones que s'entenen entre si i que oficialment son dos idiomes independents. En eixe model es en el que de veritat encaixa el cas valencià-catala (i no en el cas andalus-castellà com torticerament volen fer creure). Pero clar, si el valencià es compara en el gallec (i no en l'andalus com volen) tota la pseudociencia catalanufa se vindria avall.

56) Llengua Valenciana Si. 8-7-2005.
MADRIT 2012.
M'he alegrat molt de que haja perdut la candidatura de Madrit per als Jocs Olimpics de 2012. Ho reconec. Pero no nomes yo. Molta gent pertot de l'Estat Espanyol es troba ara d'enhorabona. I no parle sols dels nacionalistes separatistes que tots tenim en ment. Sino tambe de gent que se sent espanyola pero que està fins als collons de tant de centralisme, de que la Meseta acapare totes les infraestructures quan es marginen a unes atres terres, fins als collons d'un Estat a on nomes conten madrilenys, vascs i catalans i ya no conta ningu mes.

Madrit no era una bona candidatura. Conta en greus deficiencies en quant a capacitat hotelera i de seguritat, com ha quedat pales en l'atentat terroriste de ETA a poc mes d'una semana per a l'eleccio de la vencedora. I encara que la meua preferida era Nova York, ya que no em pareix just que urbs com Paris, Londres o Moscou hagen celebrat varis Jocs Olimpics a lo llarc de l'historia quan unes atres grans ciutats no els han acollit mai, no deixe de congratular-me per la derrota madrilenya. Admet que volia que vencera qualsevol ciutat excepte la de Madrit.

Despres del boicot a la Copa America de Valencia 2007, despres del menyspreu total als Jocs Mediterraneus d'Almeria 2005, lo ultim que podria haver soportat es que els madrilenys s'hagueren eixit en la seua. Que despres de que mos neguen l'aigua, la llengua, les infraestructures i tot, els valencians haguerem d'haver pagat en els nostres imposts els Jocs Olimpics d'una ciutat que despectivament mos diu *"Levante"* era massa. No m'importaria uns Jocs per eixemple en Sevilla, pero en la Meseta... ¡Gracies a Deu, ha segut que no!

57) Llengua Valenciana Si. 13-7-2005.

LA VOSTRA LLENGUA.

Em sorpren que els catalanufos valencians parlen de "la nostra llengua" per a referir-se a l'idioma que parlem els valencians, que, segons ells, es el catala. Pel que es veu, tant els catalanufos com els espanyoleros estan molt contents de que Valencia no tinga una llengua ni cultura propia. Perque aixo es lo que significa que el valencià siga un dialecte del catala i no una llengua propia naixcuda i conreada en terres valencianes. No se a que ve aixo de "la nostra llengua", eufemisme per a referir-se a una llengua –el catala– que no es nostra sino d'ells.

Seguint la tesis catalanufa si en Valencia parlem catala no hi ha per qué identificar-ho en "la nostra llengua" puix no es una llengua propiament nostra. El castellà prove de Castella i el catala dels comtats precatans/Catalunya, per lo tant abdos son llengües foranees, estrangeres, cap de les dos ha naixcut propiament en Valencia, sino que foren importades com ho fon el llati en els romans o l'arap en els al-andalusis. Si resulta que en Valencia tenim dos llengües i les dos les han portat de fora ¿cóm puc dir "nostra llengua" a una de les dos?

¿Per qué he de sentir com "nostra" la llengua catalana? ¿Al cap i a la fi no ve de fora igual que el castellà? ¿Per qué hauria de sentir com a propia una de les dos llengües i com estrangera i aliena una atra? Al remat, les dos venen de fora segons els catalanufos ¿no? En principi tan estrangera es l'una com l'atra, i per tant tan nostra pot ser l'una com l'atra. Una atra cosa sería que el valencià haguera naixcut en Valencia pero com eixa tesis la rebugen visceralment els catalanufos resulta que els valencians no tenim cap llengua "nostra" propiament dita.

Yo tinc clar que el valencià es una llengua que naixque en terres valencianes, i que es una llengua independent i distinta de la catalana. Per aixo sent el valencià com una llengua nostra propiament dita. I els valencians no sentim com a propia una llengua estrangera –la catalana– que no es la nostra sino que es la vostra llengua, la dels catalanufos, pero que no es la dels valencians. Si el catala es un idioma de filolecs i cientifics que el parlen ells, yo preferixc la llengua valenciana, eixa en la que el gran Joanot Martorell assegurà escriure sa obra.

58) Llengua Valenciana Si. 15-7-2005.

EL PROBLEMA NO ES EL NOM.

Recorde en perspicuïtat que quan anava a l'institut una cosa em cridava molt l'atencio. I era que els mestres quan havien de parlar de la llengua valenciana, evitaven sempre este nom. Aixina es que li dien de mil i una formes distintes. El terme mes escoltat era "la nostra llengua". El repetien a totes les hores. Que si "la nostra llengua" per aci, que si "la nostra llengua" per alla. I yo sempre em preguntava a mi mateix: "Si la nostra llengua es la llengua valenciana, ¿per qué no ho diuen obertament sense voler amagar el nom com si fora pecat?"

La denominacio de la llengua que parlen els valencians s'havia convertit en un estigma: era una llengua sense nom. Aixina es que hui en dia encara hi ha molta gent que parla de "la llengua". Yo em pregunte: "¿quína? ¿la russa, la lituana?" Hi ha uns atres que parlen de "la llengua comuna". I yo, que soc tot candor i ingenuïtat, suponc que es referixen a l'espanyol... Perque no se quina atra llengua tenim en comu els valencians en uns atres pobles. Tot lo mon te por de dir el nom de la llengua. Es una llengua innomenable. ¡Si la cites segur que s'apareix Satan!

Hi hagut molts intents de colar-mos-la. Que si "cavaba", "cavabes", "cavabanic"... tots ells han compartit la sort de l'esperanto. Ara volen dir-li "catala-valencià", invent que recorda molt a l'intent serbi d'anexionar-se la llengua croata, parle de l'utopic idioma serbo-croat. L'Academia de Zaplana (AZ) parla de "una llengua que pertany al mateix sistema llingüistic que la dels atres pobles de l'antiga Corona d'Arago". Dit aixina, pareix que parlen del sistema occita. Pero la qüestio es que mos volen clavar el catala per la força i ya no saben ni com.

Per a ofrenar noves glories a Valencia

Els catalanufos s'enganyen: el conflicte llingüistic no es una qüestio de simples nomenclatures. Ells es creuen que els valencians acceptem que parlem catala pero que mos neguem a dir-li catala per raons historiques. Pero no es tracta de parlar catala i dir-li "valencià". Es tracta de que el valencià i el catala son dos idiomes distints (aixina ho considera el 70% de valencians segons el CIS de 2004). I es que per molt que s'encaboten estem parlant de dos llengües i no d'una. I aixo no ho dic yo, sino que ya ho dia Fra Antoni Canals en el segle XIV.

59) Llengua Valenciana Si. 12-9-2005.
¿PER A QUAN L'ESTAT LLIURE ASSOCIAT DE VALENCIA?
La supervivencia de la nostra llengua, de la nostra etnia i el nostre poble depen de tindre o no un Estat. Un Estat lliure associat es la millor de les opcions per a Valencia[1]. Seriem oficialment un Estat, en veu i vot en Europa i en el mon i podriem fer lo que creguerem convenient, sense sumissions a Madrit i Barcelona, com ara. Ademes, mos beneficiariem de compartir la defensa en Espanya i el mercat en l'Unio Europea (UE), per lo que Valencia no es resentiria gens ni

---

[1] En 2005, en plena efervescencia del Pla Ibarretxe, vaig creure que l'Estat lliure associat sería la millor opcio per a Valencia. Pocs anys mes tart em doni conte de que tal cosa mai sera acceptada per Madrit i que l'unica eixida es que els valencians dispongam d'un Estat independent i sobira sense cap unio politica ab Espanya per a ser plenament lliures i no estar governats per control remot des de fora. Un Estat lliure associat podria ser, no obstant, el pas previ cap a una posterior, irrenunciable i definitiva independencia total.

economica ni militarment. Valencia es relacionaria aixina en Espanya de tu a tu.

En la meua opinio, fer de Valencia un Estat lliure associat a Espanya i Europa te plena cabuda constitucional puix tal proyecte no planteja l'independencia sino una semi-independencia, ni la sobirania sino la cosobirania. No es la balcanisacio d'Espanya sino el canvi d'un model d'Estat centralista i uniformisador per un atre model d'Estat plurinacional. Com tambe te cabuda en la UE, que de fet accepta l'estatus de colonia de l'Ulster i tampoc fica cap inconvenient a un proyecte de cosobirania per a Gibraltar. Llavors... un Estat lliure associat ¿per qué no?

El país deu recuperar els Furs. Ademes, la sobirania deu recaure en el poble valencià –i no en el poble espanyol– tal i com passa en Gran Bretanya, a on es el poble escoces –no el britanic– qui detenta la sobirania d'Escocia. L'Estat Lliure Associat de Valencia s'investirà de plens poders llegislatius, eixecutius i judicials. El president de la Generalitat –i demes politics– deu ser obligatoriament naixcut en territori valencià i el Rei d'Espanya sería el cap d'Estat de Valencia, a l'igual que la Regina d'Anglaterra es la regina tambe d'Australia, Canada, etc.

No cal ficar el crit en el cel davant d'esta proposta. Puerto Rico es un Estat lliure associat a Estats Units, les Illes Cook a Nova Zelanda, el Quebec ho sera en respecte al Canada i fins i tot l'Unio Europea (UE) es podria interpretar com una unio d'Estats lliures associats. Este model s'entronca en la tradicio foral d'Espanya, la qual fon en el passat una suma d'Estats associats: Castella, Arago, Navarra, Valencia, Mallorca, Lleo, etc. Si els valencians disponguerem d'un Estat propi els catalans ya no podrien fer-nos mal. Al fi mos deixarien en pau.

Per a ofrenar noves glories a Valencia

60) Llengua Valenciana Si. 25-10-2005.

ESTEBAN GONZÁLEZ PONS, UN "CATALANISTE FASCISTE" A FAVOR DELS PPCC.

El darrer dissabte 22-10-2005 tota Espanya assisti a un repugnant espectacul d'imperialisme catalanufo. En el Nou Camp, abans del partit de futbol Barcelona-Osasuna, es dugue a terme un acte politic d'exaltacio a favor de l'unitat de les llengües en la participacio de l'actor Joel Joan i un mapa jagant dels països catalans. Tot aço contà ademes en l'efecte multiplicador que constituix la retransmissio en directe del partit de futbol per la FORTA.

El portaveu del Consell Valencià i Conseller de Relacions Institucionals, Esteban González Pons, digue en el seu habitual to de cinisme: "El deport no pot utilisar-se per a ofendre els sentiments de cap poble ni per a fer propaganda politica del catalanisme fasciste. Un catalanisme que fa de la Comunitat Valenciana i Balears els seus objectius com un dia Alemanya ho feu de Checoslovaquia, Austria i Polonia". ¡Que *valencianiste* el *noi* Pons!

I dic yo que si igual que l'Alemanya nazi tenía el seus colaboradors filonazis en els països ocupats, tambe en Valencia i Balears hi ha colaboracionistes d'eixe "catalanisme fasciste" que diu *Pin i Pons*. I que u d'ells es el propi Pons perque dic yo que en el Nou Camp no podrien fer actes a favor de l'unitat de catala i valencià si no fora perque el PP valencià ha oficialisat el catala en Valencia. I aço convertix en "catalaniste fasciste" al *noi* Pons.

¿De qué s'escandalisa el *noi* González Pons? ¿D'un mapa dels països catalans en el Nou Camp? Che, Pons, ¿no t'escandalises de que hi haja mapes dels països catalans en els llibres de text de les escoles valencianes? ¿De que en l'assignatura de "valencià" s'ensenye catala? ¡Pero si en

Canal Noi deixen ben clar que parlem catala! Ya veus, Pons escandalisant-se per un "catalanisme fasciste" que ell es el primer en propagar en la nostra terra.

Suponc que tambe s'escandalisarà de l'acte al Camp Nou, José María Aznar. Si, si, es eixe que parla catala en l'intimitat. El mateix. I segur que tambe es troba profundament afectat Eduardo Zaplana, el que creà l'Academia Valenciana de la Llengua Catalana (AVLLC). I per supost Paquito Camps, que ha fet oficial el catala en l'Estatut Valencià. I es clar, Mariano Rajoy, qui digue publicament que l'Estatutet Valencià el fa seu.

Ya que tan escandalisats estan en el PP ¿borraran el "catalanisme fasciste" i oficialisaran l'idioma valencià? ¿I els clubs de futbol valencians declararan persona *non grata* al president del Barcelona, Joan Laporta? ¿Prendra cartes en l'assunt el Comite Antiviolencia o eixe sols pren mides en contra dels equips menuts? ¿O mes be tots estos faran com els fariseus que s'escandalisen per una cosa que ells mateixos son els primers en fer?

61) Llengua Valenciana Blogspot. 21-12-2005.
AÑO 30 DESPUÉS DE FRANCO.

Un general.
Dos Españas.
Tres años de guerra civil.
500.000 muertos.
36 años de dictadura fascista.
2.500.000 emigrantes.
20 años de cartillas de racionamiento.

Per a ofrenar noves glories a Valencia

20 años de economía española destruida.
Más fosas comunes que municipios.
17 lenguas minoritarias aplastadas.

1975-2005: Francisco Franco Bahamondes,
30 años felizmente muerto.

62) Llengua Valenciana Blogspot. 2-1-2006.
EL SINDROME LIZONDO.
Equador viu una situacio desesperada; tots els politics son corruptes i el poble emigra per a no morir-se de fam. En estes es presentà a les eleccions de 2003 Lucío Gutiérrez, militar i colpiste, en un programa electoral que practicament constava d'una sola proposta: fer una llei anticorrupcio. "Si el Parlament no em deixa perque el controlen diputats corruptes, la trauré via referendum". La gent estava tan desesperada que el trià president. En quant guanyà les eleccions es llevà la caraceta i feu un gir a la dreta neolliberal, renegà d'Hugo Chávez –en la campanya electoral declarà identificar-se en ell– i es posà a furtar com ho fan tots els mandataris de per alli.

De qualsevol politic que promet blanc i una volta arriba al poder fa negre es pot afirmar obertament que ademes d'un politic deshonest es un hipocrita que ha estafat als seus votants, dels qui s'ha rist en la cara. Aixo es lo normal en qualsevol països excepte en Valencia, la nacio mes surrealista que possiblement ha existit mai. Hui hi ha gent que encara admira al difunt president d'Unio Valenciana (UV), Vicent González Lizondo; existix una Associacio d'Amics de Lizondo i fins i tot existi un partit politic, Identitat del Regne de Valencia (IRV), que es declarava obertament lizondiste. Lo dit: Valencia es el millor quadro que mai pintà Salvador Dalí.

Es cert que Lizondo era un cap carismatic i populiste, que sabia crear polemica i eixir en la prensa, que fon l'artifex dels millors resultats electorals de UV de tots els temps. Pero tambe es cert que era ignorant, cacic i el gos falder dels peperos. Lizondo pogue ser l'alcalde de Valencia capital en 1991. Pero li cedi l'alcaldia a Rita Barberà. Lizondo pogue ser president de la Generalitat Valenciana en 1995. Pero preferi cedir el poder a Eduardo Zaplana. Lizondo pogue haver aniquilat el catala de les escoles, l'administracio i RTTV en 1995 pero en el seu lloc va preferir agafar el sillo que tant anhelava, fer caixa i callar a tot com una puta a canvi d'un sou.

Encara hui hi ha gent que patix el Sindrome Lizondo. El diagnostic es clar: creure a Lizondo un deu, usar la causa del valencianisme per a fer-se en un sou i en acabant traïcionar als votants, considerar el socialisme com la mes demoniaca de les pestes i als peperos com eixos aliats naturals davant els quals cal cultivar una docililitat, obediencia i sumissio canines. Els qui patixen este Sindrome o be son uns oportunistes com ho era ell, o be son tan ignorants que no veuen que G. Lizondo fon el mes gran traïdor al valencianisme, un mercenari que pogue erradicar el catala i no li donà la gana, un impostor que s'embojacà la pasta i es rigue a la cara de tot lo mon.

Per a ofrenar noves glories a Valencia

63) Llengua Valenciana Blogspot. 3-1-2006.
BOICOT ALS PRODUCTES CATALANS: QUI SEMBRA VENTS RECULL TEMPESTATS.
El politic de ERC Josep Huguet ha montat en colera pel boicot als productes catalans. Diu que es comparable a la persecucio dels judeus a mans dels nazis. Pero realment... ¿quí ha començat este boicot? ¿Quí boicoteja a quí?

1) En quant es produi el canvi electoral en 2004, a ERC li faltà el temps per a pressionar a José Luis Rodríguez Zapatero per a derogar el PHN. Pensarien: "¡Ni una gota d'aigua per als nostres *germans* del Sur!".

2) Quan Barcelona quedà descalificada en el concurs per acollir la Copa America de Vela 2007, el seu alcalde, Joan Clos, afirmà que ell preferia que Napols s'adjudicara el torneig en lloc de Valencia capital... Ya ne van dos.

3) A proposit de la candidatura de Madrit per als Jocs Olimpics, Josep Lluís Carod-Rovira, inicià una dura i polemica campanya de boicot contra ella ... Tot aixo, a pesar de que Madrit recolzà a Barcelona en els Jocs del 92.

4) En la cistella de Nadal que sorteja entre els seus clients, La Caixa retirà tots els productes no catalans (com els torrons de Xixona). I aixo a pesar de que la majoria de la clientela de La Caixa es troba fora del seu menut païs.

5) La Generalitat Catalana subvenciona des de fa anys webs que promouen el boicot als productes espanyols. Lo curios es que s'irrite si en acabant els consumidors espanyols diuen de no volen cava catala pero si d'uns atres llocs.

6) En la Pasarela Gaudi han decidit que no deixaran participar a dissenyadors no catalans. Despres, quan puge com la bromera Cibeles i la Pasarela del Carmen, sempre els quedarà el recurs d'acusar-los de catalanofobia.

7) Per a la Fira del Llibre de Frankfurt 2007, la Generalitat Catalana volia que en l'espai dedicat als lliterats catalans no aparegueren els qui escriuen en espanyol. De no ser per la negativa de la Fira, el boicot hauria eixit avant.

I aixina podriem afegir un infinit etcetera. Ara circula en internet una molt copiosa llista de productes catalans als que boicotejar. I mentres el cava catala cau en picat, les vendes del cava valencià han creixcut mes del 400%.

Tiren la pedra i amaguen la ma. Catalunya no pot tractar en despotisme als seus clients i en acabant ficar el crit en cel si no li compren res. El boicot als productes catalans se l'han fet els mateixos catalans ells a soles.

64) Llengua Valenciana Si. 10-1-2006.
SELECCIONS NACIONALS VALENCIANES: ESTAT DE LA QÜESTIO.

Al voltant de les Seleccions Nacionals Valencianes m'agradaria aportar algunes reflexions. La nostra Seleccio mes destacada es la de Pilota, que ha conseguit disputar partits i tornejos oficials, i inclus fer-se en els tituls de Sis Nacions, Europeu i Mundial. Es sense dubte el conjunt nacional que ha arribat mes llunt. El gran inconvenient es que oficialment continúa representant a Espanya en lloc de fer-ho a Valencia, com hauria de ser.

La Seleccio Nacional Valenciana de futbol poc a poc va consolidant-se i mostrant un progrés. Ya ha jugat contra Lituania, Yugoslavia, Nigeria, Bulgaria i Colombia. I encara que el resultat no importa en un amistos, no podem passar per alt els triumfs de Valencia front a combinats d'una certa entitat, com Nigeria (campeona d'Africa) o Colombia

Per a ofrenar noves glories a Valencia

(campeona d'America). Oferim una bona image front a conjunts forts, donem espectacul, etc.

Tambe està la Seleccio Valenciana de Baloma que recentment s'ha enfrontat a Espanya, actual campeona del mon. El combinat valencià estigue dominant durant bona part de l'encontre pero com es normal, Espanya –molt mes rodada i entrenada– acabà vencent. El resultat es lo de menys en un amistos, aixo si, no deixa de ser una fita que Valencia s'haja batut en Espanya. Poc a poc, anem creant consciencia nacional. Poc a poc, fem país.

I d'una atra banda tambe contem en seleccions valencianes en uns atres deports (com l'atletisme, el rugbi, el karate...) que participen en els tornejos autonomics i en alguns casos inclus disputen amistosos internacionals com es el cas de la Seleccio Valenciana de Rugbi, que ha medit les seues forces front al poderos America XV. En resum, que poc a poc cada dia que passa hi ha mes seleccions valencianes en distints deports. I aixo es bo per al nostre país.

Lo negatiu: 1) La desidia dels valencians cap a les seleccions valencianes. 2) La desidia de futbolistes que rebugen jugar per Valencia (Josep Molina, Davit Albelda...) 3) Nul recolzament institucional i mediatic a l'hora de promocionar les seleccions. 4) Que sols juguen partits amistosos. 5) Que la Seleccio Valenciana de Pilota, que es l'unica que juga partits oficials, represente oficialment a Espanya i no a Valencia, com deuria ser.

Es molt en lo que cal treballar. Es molt lo que hem de canviar i millorar. Ara be, preferixc quedar-me en lo bo i es que les distintes seleccions nacionals valencianes, poc a poc van donant els seus passos. Passos de bebe ya que el seu naiximent es molt recent. Les seleccions vasques i catalanes mos porten molts anys de ventaja. Es l'espill en que cal mirar-nos. Pero el nostre es un proyecte molt incipient, es un atre ritme. Lo que cal es anar fent.

65) Llengua Valenciana Si. 19-1-2006.
OPA HOSTIL A LA CLASSE OBRERA.
¿A on s'haura vist que un partit que diu ser socialiste defenga els interessos d'una empresa privada en anim de lucre en contra de la classe treballadora que li ha votat? ¿Fins a on arriba l'hipocresia d'un PSOE que defen als obrers oferint-los sous de 600 euros mensuals i zulos de 30 m^2 als jovens? ¿Fins a on aplega l'atreviment i la poca vergonya d'un president d'Espanya, José Luis Rodríguez Zapatero –l'home de la maixquera somrient– que contra el sentit comu recolza la OPA hostil de Gas Natural a Endesa? ¡Aço es un escandal tipic del Tercer Mon!

Per a començar, els usuaris i consumidors de l'Estat som les victimes d'unes empreses energetiques que fan el seu agost a costa d'uns ciutadans que estem agarrats pels collons perque no tenim a on triar. En l'Estat sols hi ha tres electriques (Endesa, Iberdrola i Unión Fenosa) i una suministradora de gas natural (Gas Natural). En qualsevol Estat civilisat el govern tractaria de fomentar una major competencia donant entrada en el sector a nous ofertants. En lloc d'aixo, ZP decidix fer lo contrari: quatre empreses son massa, millor mos quedem en tres.

Gas Natural està participada accionarialment per La Caixa, que està controlada pel tripartit catala. El ministre d'Industria Josep Montilla i el president de ERC Josep Lluís Carod-Rovira volen un monstruo energetic catala al preu que siga, encara que siga empobrint a la classe obrera catalana. Que ningu s'equivoque. La OPA hostil de Gas Natural va dirigida a la classe proletaria. Si ya de per si, en monopolis autonomics els usuaris estem pagant tarifes altes per un suministre energetic ineficient, puix imagina qué ocorrerà si la fusio ix avant.

L'electricitat ya ha pujat en 2006 un 4,48% (els salaris un 0,6% en termens reals), ha de tornar a pujar en juliol (quan mes necessitem l'aire acondicionat) i per si fora poc es penalisarà als usuaris que gasten mes de 650 kilovats/hora al mes (sense que importe l'epoca de l'any). I des d'octubre fins a giner el preu del gas natural ha creixcut un 10% per als consumidors domestics i un 20% per al sector empresarial. I la bombona de butano mes de lo mateix: des del dia 1 de giner les families ya paguen un 10% mes per ella i les empreses un 20% mes.

Tot aço afecta ya a la gent mes necessitada, a la classe proletaria, a la que no pot ni arribar a final de mes. ¿Soc yo l'unic que escolta a la gent del carrer queixar-se de que la vida està molt cara? Estos son els fruits de de la falta de competencia. I les empreses catalanes advertixen que esta escalada es insostenible i moltes estan ya al llimit del tancament. Al final la gent treballadora, al paro. A pagar-ho els quatre desgraciats de sempre. I esta depauperacio massiva i accelerada de les capes socials necessitades s'accentuarà encara molt mes si fructifica la OPA.

Hi hauran alguns nacionalistes catalans tan imbecils que voran en esta OPA un triumf per a Catalunya. Pero no, sols sera un triumf per a quatre catalans multimillonaris que passaran a ser mes rics encara pero un durissim castic per als pensionistes, treballadors i PIMES de Catalunya i de tot l'Estat. Tambe per als valencians, clar. Si aço ho fera el PP el tildarien de tall d'especuladors i fascistes. Si ho fa PSOE es progressisme. Pero clar, ¿qué importa llançar una OPA hostil al proletariat mentres el bachiller Montilla puga arribar a final de mes?

66) Llengua Valenciana Blogspot. 23-1-2006.
CUANDO MATAR ES PROGRESISTA.

El diario *La Razón* ha dado la voz de alarma: en España se han realizado 84.985 abortos en 2004, un 6% más que el año previo. La cantidad de niños asesinados antes de nacer llenaría un estadio de fútbol. En los últimos 10 años la tasa de abortos se ha duplicado al pasar de 49.367 de 1995 a los casi 85.000 de 2004. Hablamos de casi 233 muertes al día, un aborto cada 6 minutos en España. Y todo esto sólo se refiere a las interrupciones "legales" pues las clandestinas quedan lógicamente excluidas de las cifras oficiales. La realidad se revela aún peor.

El 96,7 % de las mujeres que dio el paso se acogió a la cláusula-trampa de "riesgo para la salud materna", la cual comprende un subrepticio "riesgo psicológico" absolutamente inexistente en la vida real pero que permite en la práctica el aborto libre en España... Si en cualquier nación tercermundista mataran a un ser humano cada 6 minutos la opinión pública no tendría rubor en escandalizarse y pronunciar la palabra "genocidio". Pero si esta sangrienta escabechina se perpetra en el Primer Mundo se acepta con naturalidad y hasta resulta bien visto.

Lo más surrealista es que eso se permita en España, que es el Estado con la menor tasa de natalidad del planeta Tierra, superado únicamente por la Ciudad del Vaticano. En una época en que los políticos nos advierten de que el número de ancianos es elevado y el de bebés escaso y que eso puede llevar a la quiebra de la Seguridad Social, en lugar de fomentar la natalidad como sería lógico para los intereses del Estado, los políticos dan todo tipo de facilidades en la dirección opuesta: nacen muy pocos niños, matemos muchos para que nazcan menos aún.

Lo más increíble de todo es que esto se haga en nombre del progreso. Debo ser entonces un cavernícola pero la verdad, confieso que nada encuentro de progresista en que unos padres maten a su propio hijo. Y me choca que la izquierda que tanto presume de ser la abanderada de los derechos civiles pueda negar el más importante de todos ellos: la vida. Así como me choca también que la derecha, que tanto alardea de ser paladín de los valores morales, se ponga una venda en los ojos frente a esta inmoralidad asesina en aras de un puñado de votos.

En una sociedad como ésta, donde la clase política alienta la muerte y no la vida, con una caída en barrena de los valores, donde el 28 de diciembre se gastan bromas en lugar de recordar los asesinatos de Herodes, en que en la Navidad el protagonista es El Corte Inglés y no Cristo, en que la mujer está desprotegida y el varón a menudo se desentiende de sus cargas familiares, no es de extrañar tal genocidio. 85.000 niños asesinados en España en 2004. Me pregunto si el descubridor de la vacuna contra el SIDA se encontraba entre alguno de ellos.

67) Llengua Valenciana Si. 1-3-2006.

Josué Ferrer

NI PAÏSOS CATALANS NI PAÏSOS VALENCIANS.

La gran diferencia que hi ha entre els valencians i els catalans es que els catalans volen que els valencians sigam catalans del sur a tota costa, mentres que els valencians mai de la vida consentiriem que els catalans foren valencians del nort, ni encara que mos ho pregaren agenollats. No es que els valencians no vullgam que Valencia es convertixca en una provincia de Catalunya per a combregar en les rodes de moli pancatalanufes, es que si un dia els catalans mos propongueren que Catalunya es convertira en una provincia de Valencia, que tots junts formarem un Estat nomenat Països Valencians, que tinguera la capital en el Cap i Casal, a on tots els seus habitants foren nacionalment valencians i on es parlara la llengua valenciana en Normes d'El Puig (en lloc del catala), si algun dia els catalans mos propongueren aço –insistixc– els valencians contestariem que no. Els catalans volen que sigam catalans, pero mosatros en cap cas volem que siguen valencians. Aço vol dir algo.

Tot aço no ho dic en un sentit pijoratiu o de despreci, sino mes be en el sentit de "cadascu en sa casa i Deu en la de tots". A ningu se li ocorre anar al pis dels veïns i plantejar-los que podrien ajuntar-se les dos families en un sol pis i viure juntetes. Que vixquen en un pis o en l'atre es lo de menys, la qüestio es que ningu que estiga en els seus cinc sentits acceptaria aixo perque per tots es sabut que dos families vivint en un sol pis, conflicte segur. Puix a nivell de nacions passa igual. Els catalans tenen el seu pis (Catalunya) i mosatros el nostre (Valencia) i ni tenim intencio de mudarmos al d'ells ni tampoc desigem que ells vinguen a instalar-se al nostre. Cadascu en sa casa i Deu en la de tots. I mes encara si tenim en conte que Catalunya i Valencia no tenen bona relacio, que no som pobles germans sino simplement veïns, i que ajuntar als dos pobles en una mateixa nacio sería com ajuntar a hutus i tutsis, a serbis i croats, a israelites i palestins o a marroquins i saharauis. 2 + 2 no sempre son 4.

Catalunya viu de llengües inventades i de nacions impossibles. ¿En quín mon viviu els catalanufos? ¿Pero en serio penseu que els *Països Imaginaris* son viables? ¿Acas penseu que ERPV guanyarà les eleccions en Valencia alguna volta? ¿O que els tancs francesos es quedaran quets contemplant-vos mentres vosatres vos feu en la vostra anhelada *Catalunya Nort* (que per cert, en el mon real es diu Occitania)? Els *Països Imaginaris* no se faran mai de la vida, pero si se feren, anirien a la guerra civil el dia següent de naixer. ¿No vos doneu conte de que sería un Estat inviable que s'autodestruiria? Checoslovaquia, URSS, Yugoslavia... Els Estats que se fan de la nit al mati i en els quals els seus ciutadans no s'identifiquen acaben per desapareixer. I voleu que l'historia es repetixca una volta mes. En serio, mes vos valdria dedicar-vos a resoldre els vostres problemes (vivenda a preu impossible, tancament d'empreses, immigracio illegal...) en lloc de perdre el temps jugant al Risk.

68) Llengua Valenciana Blogspot. 7-3-2006.
¿ELS VALENCIANS SOM CATALANS O NO HO SOM?

Els catalanufos constantment insistixen en que els valencians som catalans, que Valencia forma part integral d'un poble i d'una nacio que no es una atra que la "Nacio Catalana". Ara be, pels seus fets pareix que a voltes mos consideren catalans i unes atres voltes no. Per tant ¿per a Catalunya els valencians som catalans o no ho som? Puix depen. A voltes si i a voltes no. Aixo depen de les circumstancies. Per a lo que els conve, resulta que els valencians si que som catalans. Pero per a lo que no els conve, els valencians deixem de ser catalans del sur.

¿Casos en que si som catalans? Per a que el Segle d'Or de les Lletres Valencianes siga el Segle d'Or de la Lliteratura Catalana, si som catalans. Per a que Ausias March es considere un poeta catala naixcut en Gandia si som catalans. Per a que la Llonja es classifique com a estil gotic catala si som catalans. Per a que el Vilarreal C.F. siga un club dels països catalans si som catalans. Per a que les figures de Lladro siguen considerades ceramica catalana si som catalans. Per a que Valencia estiga dins de l'Eurorregio si som catalans, etc.

Pero per a que es respecte la llengua valenciana en Valencia no som catalans. Per a que es faça un transvas de l'Ebre als "germans valencians" com mos diuen en el nort, no som catalans. Per a que Valencia siga la seu de la Copa America (recordem que els catalans digueren que preferien a Napols), no som catalans. Per a ampliar el Port de Valencia capital, no som catalans. Per a que es respecte la denominacio de Regne de Valencia, no som catalans. Per a estendre la treua del Protectorat Etarra de Catalunya a terres valencianes no som catalans, etc.

O soc estupit o esta germanor em recorda a la d'una metropolis en una colonia. Per a als britanics els indis tambe eren britanics quan es tractava d'espoliar les seues riquees, pero en el moment en que Londres començà a rebre immigrants de l'India en busca de treball, els indis automaticament deixaven de ser britanics. No entenc per qué els valencians deuriem federar-mos en sis millons d'antivalencians. Valencia i Catalunya no son pobles

Per a ofrenar noves glories a Valencia

germans, sino simplement veïns. Perque, en fi... en *germans* com els catalans, millor ser fill unic.

69) Llengua Valenciana Blogspot. 8-3-2006.
MIRA, TE LO DIGO EN CASTELLANO QUE ME ACLARO MÁS.

Abans deyem "mosatros", ara diuen "nosaltres".
Abans deyem "en", ara diuen "amb".
Abans deyem "vore", ara diuen "veure".
Abans deyem "furtar", ara diuen "robar".
Abans deyem "furt", ara diuen "robatori".
Abans deyem "fusta", ara diuen "madera".
Abans deyem "esvarar", ara diuen "relliscar".
Abans deyem "alçar", ara diuen "aixecar".
Abans deyem "herba", ara diuen "gespa".
Abans deyem "eme", ara diuen "ema".
Abans deyem "baloma", ara diuen "handbol".
Abans deyem "bebe", ara diuen "nado".
Abans deyem "joguet", ara diuen "joguina".
Abans deyem "bascoll", ara diuen "clatell".
Abans deyem "bona vesprada", ara diuen "bona tarda"
Abans deyem "eixir", ara diuen "sortir".
Abans deyem "lo", ara diuen "el".
Abans deyem "en sa casa", ara diuen "a casa seva".
Etc., etc., etc.

Lo que eufemisticament s'ha denominat normalisacio llingüistica no es sino una substitucio llingüistica a on poc a poc totes les paraules valencianes, considerades vulgars pel sol fet de ser valencianes, son desplaçades, anulades i substituides per paraules barcelonines, considerades cientifiques pel sol fet de ser barcelonines. Lo que nomenen *normalització* no es una atra cosa que parlar i escriure en catala i despres dir que es valencià. Com sona. Ah, i tot aixo en nom de la cultura, de la ciencia i de l'elegancia. I qui diga que no, puix es de fasciste cap amunt.

Els fruits enverinats de la *subnormalització* fa anys que els estem collint: des de que es dona catala en l'escola, el numero de valenciaparlants cau en picat i el d'hispanoparlants creix exponencialment. ¿Potser per qué troben que el *"valencià"* (catala) que han depres en l'escola es estrany i no s'identifiquen en ell? Que ningu s'escandalise si cada dia mes valencians, en un intent de millorar, fan l'esforç de dialogar en valencià en un valenciaparlant pero al remat acaben pronunciant la consabuda frase magica que li dona titul ad este text.

70) Llengua Valenciana Blogspot. 12-3-2006.
EL FACTOR MILOSEVIC: UNA HISTORIA INACABADA.
El siglo XX se despidió de Europa con una sangría en los Balcanes. Tres guerras en diez años. La Guerra Civil de Yugoslavia (1991-1995), la de Kosovo (1998-1999) y la de Macedonia (2001). Yugoslavia reventó como una piñata en medio de genocidios y nacieron seis nuevos Estados (Eslovenia, Croacia, Serbia y Montenegro, Bosnia-Herzegovina y Macedonia). El delirio imperialista de la Gran Serbia de Slobodan Milosevic nos recordó a la Gran Alemania de Adolf Hitler o la Gran Cataluña de Joan Fuster.

Per a ofrenar noves glories a Valencia

Sin embargo, la prensa occidental quiso hacer ver al mundo que el responsable único de todo el terror era el presidente yugoslavo. Tal es así que incluso se acuñó el término "factor Milosevic" para referirse al único factor causante de todas las crisis.

La historia la cuentan los vencedores. Nada dirán los libros de historia de que Helmut Kohl financió los movimientos separatistas en Yugoslavia para desencadenar una guerra civil y que así Alemania aumentara su área de influencia (recordemos que Alemania reconoció inmediatamente a los neonatos Eslovenia y Croacia y que casualmente el marco alemán fue la moneda adoptada por estas nuevas repúblicas). Nada dirán tampoco de la esquizofrenia de crear una patria inviable desde su nacimiento como Bosnia-Herzegovina, un Estado que no es reconocido por la población serbobosnia y del cual se quiere separar. Dato que no tendría la mayor trascendencia si no fuera porque los serbobosnios representan dentro del Estado bosnio a un ciudadano de cada tres.

Los libros no nos hablarán de la responsabilidad de Alija Itzebegovic, Franjo Tudjman, Ibrahim Rugova, Ante Gotovina, Radovan Karadzic, *Arkan*... Ni tampoco de que croatas y musulmanes también violaron a las féminas serbias y asesinaron civiles, en un conflicto donde nadie era demonio y nadie era angelito. Ni de que la invasión de Estados Unidos a Yugoslavia fue una cortina de humo de Bill Clinton para que la prensa no hablara de los escándalos sexuales de su amante Monica Lewinsky. Nada dirán de que los bombardeos de la OTAN incrementaron la crisis humanitaria en Kosovo aun más si cabe. Ni de que históricamente los serbios han sido abandonados a su suerte por los demás europeos cada vez que los turcos les han invadido. Etc., etc., etc.

A Slobo le bautizaron "el carnicero de los Balcanes". Milosevic ha muerto y el Tribunal de la Haya ya nunca podrá pronunciarse sobre sus supuestas limpiezas étnicas. Slobo fue un criminal de guerra y un mal hombre. Pero el discurso oficialista nos presenta una historia incompleta e inacabada. Los que como Javier Solana apuntaron al factor Milosevic como único responsable de todo, mintieron. La mayor prueba es que un año después de su derrocamiento, y ya fuera del poder, estalló una nueva contienda bélica, esta vez en Macedonia. Las secuelas de esta historia inacabada siguen ahí: los odios irreconciliables, los separatismos, la inviabilidad de Bosnia-Herzegovina como Estado... Sólo los simplistas y los estúpidos culparán al factor Milosevic de todo.

71) Llengua Valenciana Blogspot. 8-4-2006.
DIEGO MARADONA ES MILLOR QUE *PELÉ*.

¿Quí es el millor futboliste de tots els temps? Hi ha qui apunta a Alfredo Di Stefano, Johann Cruyff, Marco Van Vasten, Paolo Maldini... Per a gusts, els colors. Pero en esta agra polemica quasi tots els analistes venen a quedar-se en dos noms: Edson Arantes do Nascimiento *Pelé* i Diego Armando Maradona. No està gens clar qui dels dos es el millor i encara que per a molts siga *Pelé*, en la meua opinio Dieguito es el numero u.

1) Es del tot innegable que *Pelé* conquistà molts mes tituls que Diego. Ara be, el Santos en el que jugà tenía una bona plantilla. Per contra, Diego guanyà dos Lligues, una Copa

d'Italia, una Supercopa d'Italia i una UEFA en un club (el Napols) que era Maradona i deu mes. Se tirà tot un equip a les esquenes ell a soletes. A un club molt modest, que de fet actualment es troba en la serie C1, el mijapunta d'or el sabe portar a lo mes alt.

2) *El rei* jugà la practica totalitat de sa carrera en la lliga paulista, que si be tenía mes nivell que en l'actualitat no era tan forta com les grans d'Europa. Per contra, *El Pelusa* s'atrevi a eixir del seu països i a jugar en les dos lligues mes potents del mon, com l'espanyola i l'italiana. I triumfà en una competicio en la que coincidi en els milanistes Paolo Maldini i Marco Van Basten, que eren respectivament el millor defensa i millor davanter del mon.

3) Es cert que *Pelé* es un futboliste que ha conquistat tres mundials (1958, 1962, 1970), i u d'ells en tan sols 17 anys, lo qual es molt notable. I que Maradona nomes ne conquistà u (1986). Pero no mos equivoquem, aquell Brasil era una autentica constelacio d'estreles que en el fondo podia guanyar tituls inclus encara sense *Pelé*. Pero l'Argentina del mundial 86 no tenía una plantilla tan gran i sense el 10 albicelest no haguera fet res.

4) Edson anotà mes de 1.000 gols i fon pichichi onze voltes en la lliga paulista. Pero en sa epoca el futbol era molt ofensiu i lo habitual era jugar en cinc davanters i en tres defenses. L'astre argenti era molt mes complet. Fon cinc voltes pichichi en Argentina i una en Italia. Ademes, fea molts passes, dirigia el joc i anotava gols superps, com la celeberrima "ma de Deu" o el sempre admirat gol contra Anglaterra en que regatejà a set jugadors ell sol.

5) Resulta mes senzill substituir a *El rei* que a Diego Maradona, perque a un bon davanter si li fan bons passes de segur que clavarà molts gols. De fet, despres de retirar-se

Pelé hi hagut grans golejadors en la seleccio brasilera com *Zico*, Romario da Souza, Ronaldo Nazario, etc. Ara be, la Seleccio Argentina i el Napols orbitaven en torn al joc de Dieguito, fins al punt de que cap dels dos equips funcionava be si un dia no jugava ell.

En fi, que a *Pelé* el comparen en un rei pero a Diego Maradona en un deu. I un deu sempre es mes que un rei. He de confessar que m'haguera agradat que el mijapunta haguera militat en el Valencia C.F. Encara que tan sols haguera segut durant una temporada en l'ocas de la seua carrera deportiva, com en el seu pas pel Sevilla. Excessos a banda, no tinc cap de dubte de que l'astre argenti es el millor. Maradona, en el futbol, ho ha segut tot.

72) Llengua Valenciana Blogspot. 11-4-2006.
LA ENCRUCIJADA VASCA.
Tras la declaración del alto el fuego permanente de ETA, el pueblo vasco se encamina hacia una encrucijada. ETA se encuentra cada vez más débil desde la muerte de Miguel Ángel Blanco y la nueva coyuntura internacional que supuso los atentados del 11-S. Dos sendas llevan a la paz, la de los halcones que no quieren negociar con los terroristas y apuestan exclusivamente por la vía policial para vencerles (aunque costaría mucho tiempo), y la de las palomas que apuestan por una solución dialogada y razonable (lo cual acortaría los plazos para la paz).

A favor de las palomas cabría decir que si no se hubiese negociado, actualmente seguiría habiendo terrorismo en Irlanda, Quebec, Córcega o Italia. ETA está muy débil y anhela rendirse aunque no puede ya que tras 40 años de lucha armada sus directores no pueden dejar las armas sin obtener nada, puesto que sus bases sociales les echarían en cara esta rendición incondicional y les acusarían de alta traición. ETA necesita tener algo en las manos para mostrarlo como un trofeo a sus acólitos, algo que pudiera justificar poner fin a tantas décadas de lucha.

Se podría llegar a una solución intermedia y consensuada que satisficiera a todas las partes y diese lugar a la paz. Tal vez una mejora del autogobierno, un nuevo Estatuto vasco, el acercamiento de los presos a Euskadi, la amnistía para reos que no tengan las manos manchadas de sangre, etc. Términos inaceptables para el Estado Español y especialmente para las víctimas serían la excarcelación de los asesinos, la independencia de Euskadi o la anexión de Navarra y del Iparralde (en el Estado Francés) dentro de la actual Comunidad Autónoma Vasca.

A favor de los halcones destacaría la inmoralidad que supone negociar con los pistoleros. Si no se negocia con los mafiosos ni con los violadores ni con los estafadores... ¿por qué debiera ser diferente con los terroristas? El hecho de hacer concesiones o pagar precios políticos a cambio del fin de la violencia es de una ética dudosa. La sensación de impunidad podría crear una fractura social irreconciliable al estilo de la de las dos Españas, en la que el avasallamiento de los vencedores sobre los vencidos durante la dictadura alimenta el rencor todavía hoy.

Además se corre el serio riesgo de que ésta sea una nueva tregua trampa o de que en caso de no serlo ETA se disuelva como banda terrorista pero se reconvierta a mafia dedicada al narcotráfico, las extorsiones, casinos... Y así como en Irlanda la entrega de armas del IRA ha sido poco transparente, seguramente ocurriría igual con ETA. Los halcones o las palomas, el Estado de derecho o el diálogo, el camino largo o el corto. Ambos tienen sus ventajas y sus riesgos... Los vascos deben decidir ahora que senda tomar... El futuro y la paz les va en ello.

73) Llengua Valenciana Blogspot. 12-4-2006.
NAVARRA NO ES EL HIJO TONTO DE EUSKADI.
Si con un pueblo puede identificarse Valencia, además de con nuestros hermanos de Baleares, es con Navarra. Y es que así como Valencia y Baleares sufren en sus carnes el imperialismo catalanufo, también los navarros han de cargar su cruz con el leviatán vasco. Diré antes que nada que me parece justa la reivindicación vasca; es decir, que el pueblo vasco tiene derecho a decidir su propio futuro. Ahora bien, con dos condiciones. 1) Que ETA desaparezca. 2) Que los vascos no pueden decidir el futuro de quienes no lo son: Navarra, Iparralde, etc, etc.

Que Euskadi, que existe desde la transición (antes, las provincias vascas iban por separado), le proponga a Navarra, con más de 1.000 años de historia, que renuncie a su identidad para convertirse en una mera región vasca es de risa. Que se hable de euskera cuando en la Edad Media ya se conocía como *Lingua Navarrorum* es un insulto. Que digan que Euskadi (nunca independiente) es nación y Navarra –antiguo reino independiente– no lo es, me parece burla. Pero que además todo esto se imponga a base de bombas y tiros en la nuca, ya es la hostia.

Si yo fuera navarro, lo último que me apetecería en el mundo sería ser vasco. El pueblo navarro cuenta con su propia cultura, historia, costumbres, tradición e identidad. Y nunca en la vida consentirá que se le anexione ETA y el imperialismo vasco. Como es de sentido común, Navarra no consentirá en borrar una historia de más de un milenio para convertirse en el triste apéndice de un Euskadi que tan solamente existe desde los años 70. A los navarros les va estupendamente con su identidad foral diferenciadora y no necesitan a los vascos para nada.

¡Ni federaciones ni inventos! De ser coherentes con la realidad, debería ser Euskadi la que decidiera reducirse a mera provincia de Navarra. Pero plantear lo contrario es, además de locura, un atentado contra la historia. Pero es que incluso así, los navarros estarían en contra. Es evidente que en la vida hay cosas más importantes que el número de kilómetros cuadrados o las simples estadísticas poblacionales. Una fusión vasco-navarra (dentro o fuera de España) daría lugar a un país de constantes convulsiones internas que estaría siempre en crisis.

Es por ello que no puedo comulgar con unos vasquistas que quieren hacer de Navarra el hijo tonto de Euskadi. El pueblo navarro tiene derecho a escoger qué es lo que quiere ser. Si se constituye en comunidad foral, Estado libre asociado o país independiente es su derecho. La historia le asiste. Pero lo que os puedo asegurar es que los navarros nunca serán vascos. Entre otras cosas porque no pueden ni verlos. El pueblo navarro y la Nación de Navarra tienen identidad de sobra. Navarra nunca se arrodillará ante el imperialismo terrorista vasco. Nunca.

74) Llengua Valenciana Blogspot. 25-4-2006.

25 DE ABRIL: OFRENDAR NUEVAS GLORIAS A QUIEN NOS NIEGA LA LENGUA Y EL AGUA.

¿Se imagina que un alemán judío se sintiera orgulloso de pertenecer a la Alemania nazi? ¿A un sudafricano negro defendiendo la bandera de la Sudáfrica del *apartheid*? Muy tonto debe ser alguien para amar a un país que le odia por el solo hecho de existir. Lo que en otros nos llamaría la atención no lo hace sin embargo en nosotros mismos. Los valencianos estamos muy orgullosos de ofrendar nuevas glorias a esta España que nos niega la lengua, que no nos da ni una gota de agua y que poco a poco nos está transformando en catalanes del sur.

A ver si abrimos un poco los ojos. Porque el catalanismo no viene de Barcelona, sino de Madrid. Ahí van unos cuantos ejemplos de lo que denominamos "catalanoespañolismo", es decir, catalanismo puro y duro que viene de una España que se está destacando por su irredenta antivalencianía. La Real Academia Española (española sí, no catalana no, española), define el término "valenciano" como "variedad del catalán, que se usa en gran parte del antiguo reino de Valencia y se siente allí comúnmente como lengua propia". Eso la admirada RAE.

El Partido Popular (que tanto ama a España) y el Partido Socialista Obrero Español (no catalán no, español) han creado la Academia Valenciana de la Lengua Catalana que dice que el valenciano no existe. Precisamente gracias a esta academia creada por partidos españoles (no catalanes no, españoles), el Tribunal Supremo (con sede no en Barcelona no, sino en Madrid, la capital de España) ha restablecido la convalidación de los títulos de valenciano y catalán, lo que implica que para este tribunal (español) se trata de una única lengua y no de dos.

Y el rey que con su firma ha autorizado un Estatuto de Autonomía que convierte el valenciano en catalán es Juan Carlos I, el rey de España (no rey de Cataluña no, rey de España). Ese mismo rey de España al que nunca en 30 años de reinado hemos escuchado hablar a favor de la independencia de la lengua valenciana (no digamos ya decir unas palabras en valenciano). Y cuando no, tenemos a manchegos y aragoneses (que no son catalanes sino españoles) con su "ni una gota de agua para los valencianos". Una españolada detrás de otra.

¿Pero cómo puede alguien que se haga llamar valencianista y que ame a su tierra amar a esta España? ¿Ofrendar nuevas glorias a esta España? ¿Es que nos hemos vuelto locos o qué, señores? España nos está transformando poco a poco en catalanes del sur y nosotros orgullosos de nuestra españolidad. ¡Ver para creer! ¡Hombre, es que ya estará bien, coño! ¡Aquí nos están dando por el culo desde Madrid todos los días y nosotros ofrendando nuevas glorias a quien nos niega la lengua y hasta el agua! ¿Es que no nos espabilaremos nunca o qué?

No es incompatible que un negro ame Sudáfrica. Pero si que un negro antirracista ame la Sudáfrica del *apartheid*. No es incompatible que un judío alemán ame Alemania. Pero si que un judío sionista ame a la Alemania nazi. No es incompatible que un valenciano ame a España. Pero si que lo es que un valencianista ame a esta España que se caracteriza por ser catalanista y antivalenciana. Y por amar a España, por votar a partidos españoles, por querer ser más españoles que nadie, los valencianos acabaremos siendo catalanes del sur.

Ojo, que nadie se equivoque: en ningún momento he defendido en este artículo una tesis independentista. Quien así lo crea que lo relea y verá que no he afirmado nada de eso. Lo único que digo es que una cosa es ser español y otra español a toda costa, incluso al precio de dejar de ser valenciano. Que una cosa es ser español y otra ser gilipollas. Si no queremos ser la quinta provincia de Cataluña tendremos que ofrendar más glorias a Valencia y menos a España. De lo contrario, Valencia acabará siendo una mierda catalana pinchada en un palo.

75) Llengua Valenciana Blogspot. 1-5-2006.
ESTADO DE DESECHO.
Decían ya en tiempos de Roma que si una ley es injusta no es ley. Y España, al fundamentarse en leyes injustas y antidemocráticas, es no un Estado de derecho sino un Estado de desecho, no una democracia sino una dictadura disfrazada de democracia. Los ciudadanos debemos cumplir todos los imperativos legales que sean justos, mas cuando nos topamos ante una ley injusta, es nuestra obligación desobedecerla y rebelarnos contra ella.

No puedo acatar la Constitución por ser una ley injusta. La democracia requiere de un elemento indispensable sin el cual no puede existir; la separación de poderes. Y la Carta Magna impulsa la unión de los poderes, ya que permite que las mismas personas que gobiernan (poder ejecutivo) puedan además ser parlamentarias (poder legislativo) y para colmo elegir a dedo a magistrados (poder judicial). Es una ley injusta... luego no es ley.

Per a ofrenar noves glories a Valencia

No puedo acatar el Estatuto Valenciano por ser una ley injusta. De Estatuto sólo tiene el nombre. En realidad es una carta colonial redactada en Madrid a espaldas de los valencianos e impuesta sin ni tan quisiera ofrecer la opción de una consulta popular. Una carta colonial que convierte además el valenciano en catalán en contra de la voluntad mayoritaria del pueblo, que los considera dos lenguas distintas. Es una ley injusta... luego no es ley.

No puedo acatar el sistema judicial de España por ser una burda farsa teatral. La justicia, para ser justa, debe ser independiente. Y es obvio que si los miembros del Tribunal Constitucional y del Consejo General del Poder Judicial son elegidos a dedo por políticos, dichos altos cargos serán las marionetas de los partidos que les han colocado en el sillón. Es como si los árbitros de la Liga fueran escogidos a dedo por el Real Madrid y el Barça.

La democracia no consiste en votar cada cuatro años y dejarnos pisotear el resto del tiempo. La democracia es que los políticos obedezcan la voluntad mayoritaria del pueblo siempre y en todo momento. Y que existan medios ejecutivos para forzarles a ello, como en Suiza. Porque los políticos deben estar para servir a la gente y no la gente para servir a los políticos, porque los ladrones tienen que estar entre rejas y no ocupando un escaño.

Las leyes españolas, comenzando por su propia Constitución, convierten al Estado en una dictadura disfrazada de democracia que permite casos tan sangrantes como que el Gobierno español apoyara la Guerra de Irak de 2003 con la oposición del 91% de los ciudadanos o que el catalán sea oficial en Valencia cuando más del 70% de los valencianos considera al valenciano como un idioma independiente y distinto del catalán o de cualquier otro.

Como demócrata que soy invoco el derecho natural –inherente a todos los seres humanos– para rebelarme ante lo que es un Estado de desecho y unos gobernantes que, pese a haber sido escogidos, no dejan de ser tiranos. No reconozco la autoridad del Estado, de sus leyes viciadas de raíz ni de sus tribunales, que son pantomima. Y a falta de leyes justas redactadas por los hombres, en adelante me guiaré por la *Santa Biblia* como mi única ley.

76) Llengua Valenciana Blogspot. 12-5-2006.
GENTE BAJO CERO.
Tengo un amigo marroquí que como casi todos los marroquíes se llama Mohamed. El otro día me explicó un concepto muy curioso que yo desconocía desde mi óptica occidental: la "gente bajo cero". Me explico, los reyes, sultanes, emires y demás multimillonarios de los países petroleros de Oriente suelen llevar en la cabeza un pañuelo junto con un anillo; ese anillo por su forma recuerda al número cero. Esto es, hay un cero y debajo del mismo se encuentra el jeque de turno. Se trata de una persona que está por debajo del cero, que vale menos que cero, un individuo que atesora una inmensa fortuna de petrodólares y sin embargo no sabe hacer nada de nada.

En Valencia no tenemos petróleo pero pese a ello abunda la gente bajo cero. Empezando por el presidente de la Generalitat Catalano-Valenciana, Paquito Camps, que gana más de 6.000€ al mes por leer *Las Provincias* y beber café. Paquito ha hecho que los valencianos seamos los primeros en todo. Somos los primeros en deuda per cápita (Valencia es la autonomía más hipotecada del Estado), los primeros en cuanto a aumento de paro, a cierre de las empresas y a caída de las exportaciones, los primeros en tener un Estatuto de autonomía que nace tan obsoleto que ya se ha quedado desfasado con respecto al de otras autonomías. Nuestro país va de mal en peor.

Se puede afirmar con total rotundidad que Paquito Camps es el peor presidente de la historia valenciana. Nunca en siglos un gobierno hizo una gestión tan despilfarradora y calamitosa como el Partido Popular (PP). Tan sólo un dato: el Ayuntamiento de Valencia no paga los recibos de la luz, el agua y el teléfono desde enero. Eso sí, dinero para los amigotes que no falte. Hay una cantidad enorme de cargos dispersos por doquier que por el solo hecho de ser "amigos de" cobran más de 3.000 euros al mes por tocarse los huevos. Y millones para toda suerte de viajes, privilegios y prebendas los hay a raudales. Ricos por no hacer nada. Gente bajo cero.

La deuda que atesora el pueblo valenciano es absolutamente astronómica. Estamos en la bancarrota. De hecho, si no fuera porque el PP está exprimiendo a Bancaixa y a la CAM como a dos limones, ni si quiera se podría pagar a los funcionarios. Endeudados hasta las cejas y ¿se ha logrado algo a cambio? En 12 años de gobierno pepero no ha llegado ni una gota de agua; el Parc Central lo prometen desde 1991; el AVE se prevé para 2020; las colas en la Seguridad Social se disparan; los niños estudian en barracones; el Terra Mitica en quiebra; nulo alcantarillado en Alacant; etc, etc. Tantísima deuda para nada. Partido Popular... gente bajo cero.

77) Llengua Valenciana Blogspot. 22-5-2006.

PACTAR EN EL DIABLE O ELS MICHELINS QUE MOS SOBREN.

Pactar en el diable no es un negoci rendable. Primer de tot, perque ell està en una posicio de superioritat. Segon, perque per molt que ell et done (diners, sexe, poder...) el preu que es cobrarà sera molt major (la teua anima i la teua vida). I tercer, perque, precisament per tractar-se del dimoni, no tens cap garantia de que ell vaja a complir la seua part del tracte. Es mes, lo mes provable es que t'enganye i que et quedes en un pam de nas.

¿A qué ve tot aço? A que trobe en alguns jovens valencianistes la voluntat de pactar en el diable. Parlen de que esta guerra d'identitats es estupida, una lluita esteril que no mos porta a cap de lloc, etc. Busquen un consens entre totes les forces *valencianistes* (¡¡¡incloent aci a BNC o ERPV!!!) per a superar lo que es un conflicte esteril: si tots cediren un poc, s'acabaria la Batalla de Valencia i s'unificarien tots els bandos *valencianistes* en un sol.

Per eixemple, el consens podria passar perque els catalanistes acceptaren la Real Senyera i mosatros el terme Païs Valencià. O que els valencianistes acceptarem l'unitat de les llengües i els catalanufos com a unica o com a preferent denominacio per a la llengua el terme "valencià". Total, que mos proponen una baixada de pantalons en tota regla, una rendicio a canvi d'unes miguetes, en pro d'un supost consens que no duria a cap lloc.

En els catalanufos no es pot negociar. Almenys no en el tema de la llengua, la cultura i els simbols. Ells no han cedit res en decades. Ells no s'han baixat del burro en res: continuen en el seu Païs Valencià en lloc de Valencia, Comunitat o Regne; països catalans en lloc de Valencia;

Per a ofrenar noves glories a Valencia

marfega i peno de la rendicio en lloc de Senyera; *Muixeranga* en lloc de l'*Himne Valencià;* Joan Fuster en lloc del trellat; catala en lloc de valencià, etc.

Yo soc un home de dialec. Parlar no fa mal a ningu. I es pot arribar a acorts en alguns temes (¿per qué no?) pero no en el de la llengua. La llengua valenciana no es negocia, no es pacta, no es consensua... ¡es defen! No es tracta de fomentar l'us i la normalisacio de la llengua sense mes. Cal determinar primer quina llengua. A mi no m'es igual que hi haja llinia en valencià o que la llinia siga en catala. El blanc es una cosa. El negre una atra.

En este *consens* que busquen els unics que cedirien serien els valencianistes, perque els catalanufos no cediran en res. Puix res han cedit en decenis. I a tots estos tercerviistes que estan travessant el pont cap a cap lloc, solament els diria la celebre frase de Xabier Arzalluz per a referir-se a un chicotet grapat de desertors de la seua formacio politica, el Partit Nacionaliste Vasc (PNV): "Estos son els michelins que mos sobren". Puix aixo.

78) Llengua Valenciana Blogspot. 22-5-2006.
UNA NOVA NACIO LLIURE ESTÀ A PUNT DE NAIXER.
I es dira Montenegro. L'Unio Europea (UE) exigia dos requisits per a validar la seua secessio de Serbia. Que al manco el 51% del poble votara en el referendum d'autodeterminacio i que el Si a l'independencia superara el 55%. Els dos s'han cumplit. 55,4% per al Si i una participacio de mes del 86%. Montenegro, un païs que te el tamany de Murcia, 670.000 habitants i Podgorica de capital,

146

obte aixina la sobirania en acabant de que Eslovenia, Croacia, Bosnia-Herzegovina i Macedonia ho feren en els 90. Montenegro fon sobirana entre 1878 i 1918.

Els montenegrins sempre han estat per l'unio en Serbia. De fet, en 1992 votaren en referendum continuar units. Pero els permanents conflictes interns han multiplicat l'independentisme en l'opinio publica. El poble s'ha cansat de tants problemes i el primer ministre Milos Djukanovic –abans unioniste– s'ha convertit en el pare de la nacio. Es confirma la dissolucio de Serbia i Montenegro (hereua de Yugoslavia) i ara Serbia, per autoritaria i centralista, es queda sola i sense eixida a la mar. Que prenga nota Madrit per lo que puga ocorrer aci.

El dret d'autodeterminacio es una cosa que no deu espantar a ningu. En els països del nostre entorn s'ha donat. De fet, en 1946 el poble feroes decidi en un plebiscit que les Illes Feroe s'independisaren de Dinamarca (encara que el govern danes anulà la votacio). Actualment, Dinamarca no es nega a l'independencia feroe. En Chipre es feu un referendum en 2004 per a vore si es reunificava l'illa. I arraïl en les negociacions del govern d'Espanya en ETA es posa sobre la taula l'exigencia del dret d'autodeterminacio per a Euskadi i el poble vasc.

La ONU avala el dret d'autodeterminacio per al Sahara Occidental. Tal dret està expressament reconegut per les lleis per a l'illa de Bouganville (Papua-Nova Guinea) i per als Estats federats que componen Etiopia. Una de les ultimes nacions en independisar-se en el planeta fon Timor Occidental, que es separà d'Indonesia arraïl del referendum de 1999. Quebec ha plantejat el seu proyecte d'Estat lliure associat en les consultes de 1980 i 1995. I en el mon hi ha un

Per a ofrenar noves glories a Valencia

bon grapat d'Estats "de fet": Abjasia, Palestina, Taiwan, Somalilandia, Puntlandia, etc.

Si fem paralelismes entre Yugoslavia i Espanya, Eslovenia sería Euskadi i Croacia Catalunya. Es dir, dos pobles que tenen molt clara sa identitat. Montenegro es mes com Galicia o Valencia; un poble historicament fidel, lleal i partidari com el que mes de l'unitat estatal pero que en el pas del temps comença a vore que no te sentit continuar en un país-problema, que mes val sol que mal acompanyat. Montenegro ha pegat un gir de 180º: d'unionistes a separatistes. Algo comença a canviar. El germen independentiste s'escampa i pot arribar aci.

79) Llengua Valenciana Blogspot. 30-5-2006.
¿SABES QUÉ ES REALMENTE UNA UNIVERSIDAD?

A menudo se entroniza a la Universidad como cúspide de la ciencia y el saber. Lo único que demuestra quien hace esto es que no ha ido nunca a una Universidad, de lo contrario sabría que se trata de un nido de pura y dura anticiencia. Sin embargo, muchos creen que cualquier sandez salida de una Universidad debe ser acatada como si fuera Palabra de Dios. ¿Pero qué es la Universidad realmente? Pues si no lo sabes, te lo voy a decir yo.

La Universidad es la institución que en su momento se mofó de Galileo Galilei, Albert Einstein, Charles Darwin, Thomas Alva Edison o Heinrich Schilemann; es la institución que expulsó a Salvador Dalí no en una sino en dos ocasiones y en la que Sigmund Freud tardó seis años en hacer una carrera de tres. La Universidad es eso que abandonó Bill Gates en el cuarto curso de carrera porque "no le estaba enseñando nada".

La Universidad es esa institución anquilosada cuyo discurso metodológico no se ha renovado en centurias. Los planes de estudio son surrealistas, con asignaturas absurdas que nada tienen que ver con el oficio y cada día se ensancha más el abismo entre lo que ofrece la Universidad y lo que demanda la empresa y el mercado laboral. Además, hoy hasta el más zoquete puede acceder a la Universidad; basta simplemente con un 5 de nota.

La Universidad es donde las oposiciones están más amañadas que una escopeta de feria, a menudo hechas incluso a la medida, y para hacerte con la plaza se valora más una afiliación al PSOE o al Opus Dei que los méritos académicos del candidato. Y hay muchos profesores cuyo único interés por la ciencia es explorar bajo las sábanas la anatomía de sus alumnas. Determinados centros en vez de Facultades parecen picaderos más bien.

La Universidad es ese lugar en que los profesores no te enseñan a pensar sino que te enseñan qué pensar, así que muchas asignaturas son meras tapaderas de adoctrinamiento político. Lo que piensa el profesor es correcto, lo que pienses tú irrelevante. La respuesta correcta en el examen es siempre la opinión del profesor. Se bastardiza la libertad de cátedra al entenderla como el derecho del rector a mangonear, colocar amigotes, etc.

La historia nos revela que si el mundo ha progresado es a pesar de las Universidades y no gracias a ellas. Los profesores universitarios son los sofistas de nuestro tiempo. Así que ya estará bien de alabar la supuesta ciencia de una institución que no es sino un monumento a la ignorancia y la incultura. ¡Más mentes libres y menos lavados de cerebro!

Per a ofrenar noves glories a Valencia

¡Si los científicos de un país se encuentran en su Universidad... entonces pobre país!

80) Llengua Valenciana Blogspot. 3-7-2006.
¿QUANTS MORTS COSTA OFRENAR NOVES GLORIES A ESPANYA?

Valencia patix un cancer que l'ha de matar: el seu cego amor a Espanya. Els valencians mos sentim mes espanyols que ningu, mos sentim espanyols primer i valencians despres, i pensem sempre en l'interes general d'Espanya abans que en l'interes particular de Valencia. A aixo li hem de sumar que Espanya es un Estat que mos traïciona de forma sistematica i que mos està venent a trossos als catalans. En unes atres paraules; o canviem el chip o si seguim insistint en ofrenar noves glories a Espanya pagarém un alt preu: acabar sent catalans del sur.

Fa uns pocs mesos ha retornat a la seua ciutat natal la famosa Dama d'Elig. Sols serà de forma temporal puix pronte regressarà a la Meseta. Que cap dels partits valencians –ni tan sols els autodenominats valencianistes– reivindique algo tan just com que la Dama d'Elig estiga en Elig i no en Madrit, es prova notable de lo expost en el paragraf anterior. Ningu dubta de que si la Dama d'Elig es diguera Dama de Girona estaria en Girona. Pero clar, mosatros som mes espanyols que ningu i no mos sap mal que els nostres simbols estiguen fora de casa.

En 2002 el Port de Barcelona rebe cinc voltes mes diners que el de Valencia. En 2003 l'ampliacio de l'Aeroport de Barajas s'endugue el triple de lo presupostat per a tota l'autonomia de Valencia. En 2006 l'Estatut Catala s'ha

150

emportat baix del braç 5.000 millons d'euros mentres que l'Estatut Valencià ni un gallet. Mentres l'aigua de l'Ebre es pert en la mar, el PHN ha segut derogat. El AVE arribarà a la patria en 2020. Alacant no te ni albellons en alguns barris i les comarques valencianes de l'interior mos recorden al Tercer Mon.

La falta d'inversions ya començia a causar morts. Un metro ha descarrilat en Valencia capital, entre Plaça Espanya i Jesus. Mes de 35 morts i 50 ferits. Es normal. Mentres que l'Estat beneix a Madrit i Barcelona en un manà de mils de millons d'euros, en Valencia mos conformem en lo que li sobra als demes. Els metros que hi ha en el Cap i Casal son els de segona ma de Madrit que queden obsolets i antiquats i que en lloc d'enviar-los al desguaix mos els endossen als valencians. ¡I com mai protestem per res puix clar, mosatros estem pagats i tot!

Per la llinia en que ha ocorregut l'accident transiten metros que pareixen trets de la maquina del temps. En uns coches que son autentiques reliquies de museu es normal que hi haja morts. I mes que hi haura. Una de dos: o els valencians pensem un poc mes en Valencia i un poc menys en Espanya o be continuem com fins ara, ofrenant noves glories a una Espanya que mos furta els diners, substituix el valencià pel catala i mos diu que ni una gota d'aigua. O actuem en clau valenciana o el dia menys pensat Valencia ya ni apareixerà en el mapa.

81) Llengua Valenciana Blogspot. 15-7-2006.
LA VISITA DE BENET XVI A VALENCIA I L'HIPOCRESIA DE SOCIATES I PEPEROS.

Benet XVI es algo mes que una mera celebritat que ix molt per la TV. Es molt mes que el cap d'Estat d'un païs. Es molt mes que el papa de l'Esglesia Catolica. Benet XVI es la representacio d'uns valors morals, d'un ideari, d'un estil de vida propis de la doctrina catolica. Dic tot aço perque em dona la sensacio de que els politics han anat a donar-li la benvinguda al "personage" pero no a lo que el personage representa en si.

¿A qué va José Luis Rodríguez Zapatero a donar la benvinguda al Papa? ZP desprecia la familia tradicional, ha llegalisat els matrimonis homosexuals en dret d'adopcio de chiquets, patix d'islamofilia i catolicofobia i es planteja molt seriosament llegalisar l'abort lliure i l'eutanasia activa la proxima llegislatura, si trau l'absoluta. Valent hipocrita este socialiste que acodix a fer el paripe davant un pontifex al que en realitat desprecia si o si.

Pijor encara es el PP. ¡Quín paperot feu Paquito Camps! El PP valencià autorisà en el seu dia les unions de fet de parelles homosexuals i les investigacions en celules mare embrionaries. El PP ademes està a favor del divorç, de l'abort i de negociar en els terroristes de ETA (José María Aznar i Mariano Rajoy ho varen fer). I estos peperos, hereus del fariseus descrits en els Evangelis, son els que en acabant van els dumenges a la missa de dotze.

Les males llengües apunten a que l'orientacio sexual de l'alcaldesa de Valencia Rita Barberà no es precisament la que millor combrega en l'ideari catolic. Tres quarts de lo mateix diuen d'Elena Bastidas, alcaldesa d'Alzira i tambe del PP, que fins a l'ultim moment ha lluitat perque Benet XVI visitara sa ciutat. Si tot aço es cert (yo no em gite en els seus llits i no ho puc saber) novament hem assistit a una atra farsa teatral del PP.

No mos podem deixar tampoc a gais, lesbianes, bisexuals, transexuals i demes progres que s'han dedicat a fer uns actes antipapa en l'anim de crispar. Ningu fa una marcha antigai quan ells fan el dia de l'orgull gai. Pero quan ve el papa a la nostra nacio si que saben vindre a brofegar i a provocar. Es l'intolerancia dels *tolerants*. Aixo si, els mateixos que no et respecten si penses distint ad ells te diuen homofop i fasciste si no els dones la rao.

De nou una cort de fariseus, hipocrites i pilotes s'ha reunit al voltant de Benet XVI tan sols per a fer-se la foto puix els seus actes diaris choquen de ple contra la figura del papa i lo que simbolisa. Si son contraris a l'ideari catolic... ¿per qué acodixen al V EMF[2]? Haguera segut mes coherent inventar-se una excusa diplomatica d'ultima hora i haver-se quedat en casa. Ahi hagueren estat be. En el V EMF sociates i peperos estaven de mes.

82) Llengua Valenciana Blogspot. 20-7-2006.
BIENVENIDOS A LA CASTILLA VALENCIANA.
La situacio de les llengües minoritaries ha millorat en Galicia, Euskadi i Catalunya. L'educacio en les aules ha segut un instrument clau. Pero en Valencia l'us del castella s'ha disparat precisament des de que es dona *"valencià"* en l'escola. La rao es que l'assignatura de valencià no es tal, sino catala, i mentres que en Galicia, Euskadi i Catalunya

---

[2]   V Encontre Mundial de les Families.

s'ensenya la llengua propia d'alli, aci s'educa en un idioma en el qual no s'identifica ningu.

Si els valencians diuen "Mosatros estem aci jugant i botant en els chiquets" i en l'escola els obliguen a dir *"Nosaltres estem aquí jugant i saltant amb els infants"* algo falla. Perque quan tu i tot el teu voltant parleu d'una forma i en l'escola vos ensenyen una atra cosa que no coincidix en absolut, es crea un conflicte. Per lo tant, lo mes senzill de tot es que els valencians acaben dient: *"Nosotros estamos aquí jugando y saltando con los niños"*.

Molts catalanufos pensen que falta poc per a vencer la Batalla de Valencia. Ara be, yo pronostique que si els que defenem una llengua valenciana independent de la catalana perdem esta guerra, el bando catalanufo tampoc la guanyarà. Perque al final del dia lo unic que s'obtindra sera una castellanisacio massiva de Valencia en les proximes decades. Una castellanisacio massiva que de fet ya comença a ser realitat a hores d'ara.

En les quatre grans ciutats, en les comarques del sur i de l'interior tot lo mon parla ya en castella. Pero es que en les comarques valenciaparlants la penetracio del castella ya fa furor en la joventut. I faltava l'immigracio. En fi, que em pareix trist que en unes poques decades en Valencia es parle tant de valencià com en Madrit. I tot per voler impondre una llengua aliena (el catala) com a instrument d'un colonialisme mes propi del segle XIX.

Vint anys d'ensenyar catala en l'escola nomes han servit per a que es dispare l'us del castella. Els valencians no mos identifiquem en una ortografia, gramatica i lexic que son totalment aliens a la nostra parla. Si s'ensenyara una autentica llengua valenciana en l'escola, encara estariem a temps de fer front a la castellanisacio. Pero si seguim en el catala pronte hi haura tres Castelles: Castella i Lleo, Castella-La Mancha i la Castella Valenciana, clar.

83) Llengua Valenciana Blogspot. 27-7-2006.
FASCISTE = TOT AQUELL QUE PENSE DISTINT A MI O NO EM DONE LA RAO.
Esta es la nova accepcio del terme "fasciste" que deu incloure's en els diccionaris valencians. I es que per a un determinat sector de l'esquerra absolutament radical, intolerant i reaccionari tots aquells que no pensen igual son immediatament sospitosos de ser fascistes. I es que ya ho digue en el seu dia el lliterat Camilo José Cela: "Hui els antifranquistes son mes franquistes que Franco". Fasciste es algo que definix tot lo que no li agrada a u.

Lo mes curios es que despres esta gent es la que presumix de ser progressista i tolerant. Ara be, la tolerancia deu reduir-se nomes a aquells que son de la mateixa corda, perque quan u acusa de fascista a una atra persona pel sol fet de pensar distint està demostrant que l'autentic facha es ell, i que a final del dia resulta que eixe supost tolerant te la mateixa tolerancia que tenía Francisco Franco perque, a l'igual que ell, defen el pensament unic.

En el cas de Valencia es nota molt este fenomen: si defens els interessos de ta casa (Valencia) t'acusen de fasciste, pero si defens els interessos dels veïns (Catalunya) eres progressiste. ¡Mante, defendre lo del veï en lloc de lo de casa no es ser ni de dretes ni d'esquerres, simplement es ser imbecil! I aixo ho saben be els vascs i els catalans, que per aixo defenen sa casa i no una atra. Ells no tenen els complexos d'inferioritat que hi ha aci.

Per a ofrenar noves glories a Valencia

Per a alguns el sol fet de defendre una llengua propia et convertix en fasciste. I yo em pregunte: ¿Son fascistes els gallecs per voler parlar gallec i no portugues? ¿Son fascistes els catalans per voler parlar catala i no occita? Si la resposta es no... ¿per qué som fascistes els valencians i balears per voler parlar valencià i balear? Pero es igual, esta gent es tan reaccionaria i te un complex d'inferioritat tan gran que no raona, que aixo no ho veu.

Mes... ¿Es fasciste el 70% de valencians per afirmar que el valencià es un idioma distint del catala (CIS de 2004)? ¿Es fasciste el 65% de votants del PSPV que pensa igual que en la pregunta anterior? ¿Es fasciste el Partit Republicà Autonomiste? ¿Es fasciste Vicent Blasco Ibáñez o Francesc Pi i Margall per defendre esta tesis? ¿Es fasciste Ausias March o Joanot Martorell perque afirmaren escriure en valencià pero en catala mai?

En resum, que es igual ser mes roig que Josip Stalin: si no engolixes en el *Cataluña, una, grande y libre*, resulta que eres fasciste. L'humanitat es dividix en dos enormes sectors: u, el que pensa que en Valencia es parla catala i dos, el fasciste (a on s'inclou al restants mils de millons de l'humanitat). Esta intolerancia no es nova, la veritat. De fet es la vella tecnica dels autentics fascistes: acusar als demes de lo que en el fondo son ells.

84) Llengua Valenciana Blogspot. 31-7-2006.
LA LLENGUA CATALANA NO EXISTIA EN EL SEGLE XIX.
En l'escola se mos ha ensenyat que els valencians erem muts fins que uns colons procedents de Catalunya (en una

epoca en la que Catalunya encara no existia) mos portaren la seua llengua: el catala. La realitat es distinta: l'idioma valencià i balear estan documentats des del sigle XIII mentres que el catala fon dialecte del llemosi fins a que en el I Congres de la Llengua Catalana en 1906 es decretà l'independencia del catala respecte del llemosi.

A partir d'ahi, el catalanisme tractà de reconvertir valencià i balear de llengües independents a dialectes del catala. Pero que no em crega el llector per la meua paraula sino per la d'uns atres. Ara posem un text del segle XIX: un poema d'un autor catala (Carles Aribau) i que simbolisa la renaixença de les lletres catalanes. Atencio a la llengua en que afirma escriure el propi autor. Al final del poema, mos trobem un qüestionari tipo test.

ODA A LA PATRIA (Carles Aribau).

Adéu-siau, turons, per sempre adéu-siau;
oh serres desiguals que allí en la patria mia
dels núvols e del cel de lluny vos distingia
per lo repòs etern, per lo color mes blau.
Adéu tu, vell Montseny, que des ton alt palau,
guaites per un forat la tomba del jueu
e la mig del mar immens la mallorquina nau.

Jo ton superbe front coneixia llavors
com conèixer pogués lo front de mos parents;
coneixia també lo so de tos torrents,
com la veu de la mare e de mos fills los plors.
mes, arrencat després per fats perseguidors,
ja no conec ni sent com en millors vegades;
així d'arbre migrat a terres apartades

Per a ofrenar noves glories a Valencia

son gust perden los fruits e son perfum les flors.

¿Què val que m'haja tret una enganyosa sort
a veure de mes prop les torres de Castella
si el cant dels trobadors no sent la mia orella
ni desperta en mon pit un generós record?
En va a mon dolç país en ales jo em transport
e veig del Llobregat la platja serpentina
que, fora de cantar **en llengua llemosina**,
no em queda mes plaer, no tinc altre conhort.

Plau-me encara parlar la llengua d'aquells savis
que ompliren l'univers de llurs costums e lleis,
la llengua d'aquells forts que acataren los reis,
defengueren llurs drets, venjaren llurs agravis.
Muira, muira l'ingrat que, al sonar en sos llavis
per estranya regió l'accent nadiu, no plora,
que, al pensar en sos llars, no es consum ni s'enyora
ni cull del mur sagrat la lira dels seus avis.

En llemosí sonà lo meu primer vagit
quan del mugró matern la dolça llet bevia;
en llemosí al Senyor pregava cada dia
e càntics llemosins somniava cada nit.
Si, quan me trobe sol, parl amb mon esperit,
en llemosí li parl, que llengua altra no sent;
e ma boca llavors no sap mentir ni ment,
puix surten mes raons del centre de mon pit.

Ix, doncs, per expressar l'afecte mes sagrat
que puga d'home en cor gravar la ma del cel,
oh llengua a mos sentit mes dolça que la mel

que em tornes les virtuts de ma innocent edat.
Ix, e crida pel mon que mai mon cor ingrat
cessarà de cantar de mon patró la glòria;
e pàssia per ta veu son nom e sa memòria
als propis, als estranys, a la posteritat.

Bonaventura Carles Aribau.

FONT: Poema publicat originalment en el periodic *El vapor*. 1835.

PREGUNTA: ¿Per qué el poeta catala Carles Aribau afirma en 1835 escriure en llemosi i no en catala?

a)   Carles Aribau fon un blavero secessioniste fasciste anticientific (ho diu el profe de *"valencià"*, que ho sap tot).

b)   Carles Aribau era tan borinot que escrivia en catala pero no ho sabia ni ell (¡igualet que Ausias March, che!).

c)   A on diu llengua llemosina en realitat volia dir llengua catalana (era dislexic i s'equivocà escrivint en el Word).

d)   El catala no naix com a idioma fins al I Congrés de la Llengua Catalana (1906); abans era dialecte del llemosi.

Per a ofrenar noves glories a Valencia

85) Llengua Valenciana Blogspot. 14-9-2006.
NACIO CULTURAL CATALANA: NACIO D'ESPOLIADORS I LLADRES DE CULTURA.

> "Son els catalans el lladre de tres mans".
> Francisco Quevedo (escritor).

¿S'imagina per un moment que des d'un periodic espanyol d'ideologia conservadora es repetira per activa i per passiva que el colombià Gabriel García Márquez, Premi Nobel de Lliteratura, es un escritor espanyol i que pertany a la nacio cultural espanyola? La progressia posaria el crit en el cel. Imperialisme, neocolonialisme espanyol, fascisme, consideren espanyols als colombians per a lo que volen pero per a lo que no volen no, etc. Lo sorprenent es que esta gent que s'escarotaria per una cosa aixina es la mateixa que despres diu que Ausias March fon un poeta catala naixcut en Gandia (en una epoca en la que Catalunya encara no existia, per a mes inri). Els catalans carixen de cultura propia destacable i per aixo volen apropiar-se de la cultura dels pobles veïns. Per lo que consideren a Joanot Martorell o Ramon Llull autors "catalans" quan en realitat no ho foren mai.

Esta "nacio cultural catalana" es compon de corsaris i filibusters que es dediquen a apoderar-se de la cultura d'uns atres pobles i despres dir que es seua. La seua excusa es que valencians i balears parlem catala (cosa que es falsa). Tot aço partix d'una premissa equivocada del nacionalisme: identificar llengua en cultura. I aixo es del tot fals perque la llengua es una part de la cultura pero mai al reves. Hi ha moltes expressions culturals a on el paper de l'idioma es irrellevant: pintura, escultura, arquitectura, musica, gastronomia, festes populars, etc. ¿Quína importancia te l'idioma en un quadro de Joaquim Sorolla, en la Tomatina de Bunyol o en la Catedral de Palma de Mallorca? Cap. No obstant, ho cataloguen com a cultura "catalana". Ha quedat demostrat, per tant, que la llengua no es igual a cultura sino unicament una part mes de la mateixa com be puga ser-ho qualsevol atra.

Com a extensio de tot lo anterior, el fet de que dos pobles compartixquen idioma no significa necessariament que tinguen la mateixa cultura. I si no, que li diguen als irlandesos, que tantissim han patit per a independisar-se d'Anglaterra, que el seu millor escritor –James Joyce– pertany a la "nacio cultural anglesa". Que li diguen als veneçolans que els seus millors artistes son en realitat colombians (quan Colombia i Veneçuela no es poden ni vore). En fi, que els valencians no sols tenim una llengua distinta de la catalana sino que encara que parlarem la mateixa llengua, aixina i tot seguiriem tenint una cultura propia i diferenciada de la catalana. I si els catalans persistixen en identificar llengua i cultura segur que no tindran cap inconvenient en considerar a Josep Pla o Salvador Dali com a part de la "nacio cultural andorrana". Aposte a que l'idea els entusiasma molt.

86) Llengua Valenciana Blogspot. 26-9-2006.
¿SABEN LOS PROPALESTINOS CÓMO SON LOS PALESTINOS?
1) ISRAEL.
Durante milenios Palestina estuvo tradicionalmente sometida por superpotencias extranjeras (persas, romanos,

árabes, otomanos, británicos, etc.) y no pudo gozar de soberanía. En 1947 la ONU aprobó por 33 votos a favor y 13 en contra la creación de un Estado judío y uno palestino. Los israelíes siempre exigieron no sólo un Estado para ellos sino también un Estado soberano e independiente para los palestinos, colonizados en aquella era.

–¿Cómo agradecerieron los palestinos a Israel su voluntad de crear un Estado palestino independiente?

Negando a Israel su derecho a existir y declarándole una guerra sin cuartel durante decenios que perdura aún hoy.

2) LÍBANO.

Los cristianos hicieron del Líbano "el París de Oriente Medio". Líbano sintonizó con los palestinos, los ayudó a luchar contra Israel, los acogió en sus fronteras y les dio amplia libertad de actuación y movimientos en el país.

–¿Cómo agradecieron los palestinos al Gobierno libanés su apoyo militar?

Declarándoles la guerra, ayudando a derrocarlo y apoyando a los rebeldes en la Guerra Civil Libanesa en 1978.

3) SÁHARA OCCIDENTAL.

El pueblo saharaui siempre se ha solidarizado con Palestina. Quizás porque los saharauis también han sido colonia (de España y Marruecos) y porque comparten con los palestinos el sueño de ser independientes algún día.

–¿Cómo agradecieron los palestinos al Sáhara Occidental su apoyo incondicional?

Yaser Arafat convenció a Nelson Mandela para que no reconociera al Sáhara y apoyó la marroquinidad del país.

4) KUWAIT.

Kuwait durante decenios donó millones de petrodólares a la causa palestina, acogió en sus fronteras a miles de refugiados palestinos que huían de la guerra con Israel con el rabo entre las piernas y ofreció empleo a todos ellos.

–¿Cómo agradecieron los palestinos que Kuwait les ofreciera dinero, refugio y trabajo?

Haciendo una fiesta y saltando de alegría el día que el dictador iraquí Saddam Hussein invadió Kuwait en 1991.

5) ESPAÑA.

El español es sin duda el Estado occidental más propalestino del mundo. La izquierda política y una base social amplia se solidarizan con la causa palestina. Madrid acogió la Conferencia Internacional de Paz para Oriente Medio en 1991 con el sueño de resolver la crisis. Su política exterior siempre ha tratado de mediar allá.

–¿Cómo agradecieron los palestinos al pueblo español su esfuerzo por ayudarle?

Pues reaccionando con indiferencia o incluso gozo a los atentados terroristas de Madrid del 11 de marzo de 2004.

PREGUNTA INGENUA.

A vosotros, jóvenes que lucís el pañuelo palestino, la bandera palestina, que acudís a las manifestaciones... ¿Qué recompensa pensáis obtener? ¿La gratitud... o la traición? ¿El abrazo o una cuchillada por la espalda?

Per a ofrenar noves glories a Valencia

87) Llengua Valenciana Blogspot. 9-10-2006.
9 D'OCTUBRE: L'AFONAMENT D'UNA NACIO.
Este 9 d'Octubre l'he vixcut des de la tristor de vore l'afonament d'una patria. Mentres que la mija de deute de l'Estat es del 40% del nostre presupost, en el cas de l'autonomia de Valencia ascendix al 89%. Aixo vol dir que dels 11.000 millons d'euros de presupost, destinem 10.000 a pagar interessos. El bloqueig economic del govern central socialiste i el balafiament del govern autonomic popular està afonant en la miseria al nostre país.

Des de l'entrada en vigor de l'euro tots mos hem empobrit. Els preus estan pels nuvols. La gent no parla d'una atra cosa que no siga lo cara que està la vida. Els jovens estan cobrant uns sous indecents des de fa una decada mentres que la complicitat mafiosa de constructors i politics fa que el cost de la vivenda creixca un 15% cada any. Cada volta es mes dificil arribar a final de mes, mes dificil comprar-se un pis, mes dificil poder tindre un fill...

El model sanitari que s'està imponent es el de l'Hospital de la Ribera (Alzira), es dir, titularitat publica i gestio privada que estan fent de la salut publica un negoci privat. El deute es tan galopant que ya casi no es construixen nous coleges ni instituts, per lo que els jovens professors valencians han d'emigrar a Catalunya per a fer classes. Pareix mentira, pero despres d'emigrar a França i Alemanya en el passat, toca fer maletes de nou.

L'industria tradicional està sent desmantellada per complet. El calcer, el textil, els joguets... en pocs anys mos podem trobar en que tota l'industria manufacturera de les comarques del sur pot haver desaparegut del mapa. L'inversio estrangera ha caigut, les empreses es deslocalisen, no tenim AVE, Aeroport de Castello, Parc Central, autopistes ni una fiscalitat foral que pose fre a tot aço. La nula competitivitat mos porta explotacio i paro.

L'agricultura te els dies contats. Als nostres ports arriben taronges marroquines i egipcies a les que posen l'etiqueta de "Comunitat Valenciana" i son exportades a Europa com si foren fruites valencianes. I tot aço en l'autorisacio i beneplacit d'una classe politica que te por dels aranzels i condena el camp a la destruccio. Els nostres agricultors paguen la pensio a uns aragonesos i castellans que no mos volen donar ni una gota d'aigua.

A banda tenim els multiples casos de corrupcio que estan emergent de baix de les pedres com si foren bolets. El cas IVEX, el cas Julio Iglesias, el cas Eduardo Zaplana, Carles Fabra, Luis Díaz Alperi, Terra Mitica, Oriola, Torrevella, etc, etc, etc. S'estan unflant a furtar (a mosatros) i la gent ho be ho ignora tot i es feliç de la vida, o inclus li es indiferent en cas de saber lo que està passant. Es esta una societat encanallada compliç del crim.

Tenim una classe politica que no es mereix ni el dret a respirar i que per contra mos està governant. ¡Ah, i en cap moment he parlat del tema llingüistic o cultural! Aço es lo que n'hi ha. Valencia fa aigües per tots els costats com el Titanic, Valencia s'afona mentres que mosatros continuem parlant de futbol o prenent el solet en la plaja. Vivim en el país de les maravelles. La millor terreta del mon. No passa res. En Valencia mai passa res.

88) Llengua Valenciana Blogspot. 23-10-2006.
QUAN DONA IGUAL UNA COSA QUE LA CONTRARIA.

Lo pijor que hi ha en esta vida es una persona que li dona igual una cosa que la contraria, perque aixo no es una persona; aixo es un borrego. Si et dona igual valencià que catala, si et dona igual que hi haja un transvas d'aigua per a la teua terra o tindre huit hores diaries de restriccions d'aigua, ya nomes resta parlar de futbol i l'orage.

Quan arriba un moment en que et dona igual l'idioma valencià que el catala, quan et dona igual ser valencià, catala, espanyol o bolivià, quan et dona igual ser un poble lliure o ser esclau, quan et dona igual que et donen pel cul o no, eixe poble es troba llest per a la seua dominacio i si m'apures per a la seua condena, extincio i mort.

Si yo fora un dictador m'encantaria governar un poble com el valencià. Perque este es el tipic poble moll al que pots chafar tot lo que vullgues i no es rebela mai. Alla a on vages nomes trobes complex d'inferioritat, ignorancia i meninfotisme. Ser valencià per desgracia no es un orgull, es mes be una vergonya. Aixina de dur i de trist.

No compartixc les idees dels catalanufos, no les soporte, pero com a minim tenen uns ideals en els que creuen. Ara be, lo que mes m'indigna es tota eixa gent meninfot que igual li fa una cosa que la contraria. Aixo es lo pijor que li pot arribar a ocorrer a un poble, perque aixo constituix ni mes ni manco que l'antesala de la seua mort.

En aço no em referixc a la desaparicio fisica de Valencia. Sino a la desaparicio de la cultura, de l'historia, d'inclus el mapa... Ya ha començat. Valencia es diluix com un tarroç de sucre i molt pronte quedara totalment assimilada. Nomes mos falta coneixer la nostra futura identitat: o be la Castella Valenciana o be la Catalunya Sur.

Valencia conta en uns politics que no li'ls desige ni al pijor enemic, en un poble meninfot que passa de tot, i en un complex d'inferioritat i un servilisme que porta a considerar progressiste el defendre lo del veï i facha defendre lo de ta propia casa. Aci nomes importa la paella, la plaja i la festa. Este es un païs per a plorar.

Els pocs que mos rebelem contra ser un poble de borinots encara estem mal mirats. Per a pegar-se un tir. Si la gent es tan meninfot com per a no defendre la llengua valenciana s'acabarà imponent el catala, ara be, que els catalanufos no esperen gran entusiasme dels valencians cap a esta llengua: indiferencia i meninfotisme en el millor cas.

Preferixc ser optimiste i pensar que uns atres pobles han passat per lo mateix a lo llarc de l'historia. Com ara China, Irlanda o Alemanya, els quals experimentaren situacions molt semblants a la nostra, i hui son països molt importants en el mon. Tot gracies a que recuperaren la seua autoestima i el seu amor propi. Lo que mos cal aci.

89) Llengua Valenciana Blogspot. 15-11-2006.
¿Y SI NOS SALIÉRAMOS DE LA UNIÓN EUROPEA? (1/2)
Valencia –y España en general– siempre ha sentido un profundo anhelo europeísta. Y quizás sea por los siglos de decadencia que hemos afrontado, nuestras guerras civiles y discordias internas, por haber perdido todos los trenes de progreso que nos han conducido a una situación de varias décadas de retraso con respecto a otros países. Para nosotros,

entrar en la Comunidad Económica Europea (CEE) en 1986 supuso un hito histórico; por fin superábamos el histórico aislamiento, África ya no comenzaba en los Pirineos, al fin éramos dignos de ser llamados europeos. El reencuentro de España con Europa cerró una herida psicológica que duró doscientos años.

Ahora ese complejo de inferioridad que existía con respecto a Europa –el complejo del *españolito*– ha pasado a mejor historia. Aún persiste por desgracia un sentimiento de inferioridad de los valencianos con respecto a los catalanes –el complejo del *valencianet*, podríamos llamarlo–, que esperemos desaparezca en un futuro. En cualquier caso, hemos demostrado que cuando tenemos fe en nosotros mismos podemos alcanzar las mismas metas que alemanes, austríacos, holandeses o británicos. Así pues, sacudidos los complejos y convencidos de que podemos ser tan europeos como el que más... ¿tiene sentido permanecer dentro de la Unión Europea (UE)?

La UE solamente es útil para dos tipos de países. Primero, para aquellos que ven en la UE un sucedáneo de sus antiguos imperios (Alemania y Francia). Estas dos potencias (la tercera y cuarta del orbe, respectivamente) junto con la oleada de pequeños Estados satélite centroeuropeos que les rodean, dominan aplastantemente sobre los pueblos del sur (es decir sobre nosotros). El problema se puede agravar aún más si Rusia ingresa en la unión algún día ya que con sus 150 millones de habitantes, Rusia nos gobernará sin ninguna resistencia. Moscú puede reeditar la Unión Soviética –sólo que en esta ocasión sería capitalista– si finalmente entra en la UE.

Segundo, los Estados limosneros que viven de las subvenciones. España, Portugal o Grecia se encontraban en ese segundo grupo, pero con la entrada de los Estados de Europa del Este, los nuevos beneficiarios del maná europeo van a ser Polonia, Chequia, Letonia, etc. Ciertamente, los valencianos hemos crecido mucho gracias a la UE; Bruselas nos dio numerosas autopistas, carreteras e infraestructuras. Pero ahora vamos a ser nosotros quienes tengamos que rascarnos el bolsillo en lugar de pasar la bandeja... ¿la unión pues nos seguirá siendo útil? ¿Es justo costear las carencias de otras naciones cuando aún tenemos múltiples déficits en nuestro propio país?

90) Llengua Valenciana Blogspot. 16-11-2006.
¿Y SI NOS SALIÉRAMOS DE LA UNIÓN EUROPEA? (2/2)

¿En qué nos beneficia la Unión Europea (UE) a los valencianos? A cambio de unas subvenciones que no dejan de ser calderilla, nuestra agricultura ha sido expoliada en beneficio de Francia y Austria, hemos construido un campo sólo para burócratas con costes de sostenimiento imposibles, nos han obligado a desmantelar industrias para que no le hicieran la competencia a Alemania y nos hemos tenido que resignar a ese tristísimo destino de ser los camareros y los botones de los opulentos jubilados ingleses y germanos que vienen tomar el sol. Como en *¡Bienvenido Mr. Marshall!* somos los paletos que saludamos con alegría; un país de chalet, discoteca y bar.

Por si fuera poco, como ya no podemos controlar las fronteras están arribando a nuestras ciudades toda clase de mafiosos lituanos, mendigos rumanos y otros indeseables que vienen no a trabajar sino a parasitarnos. No sólo no los podemos expulsar, sino que además tienen derecho a voto. Esto –junto con los jubilados europeos que se instalan en nuestras costas– está suponiendo un incremento en la demanda de vivienda (y por lo tanto en el precio), y un colapso en la Seguridad Social, la sanidad y la educación. Y la Constitución Europea busca imponer una dictadura disfrazada de democracia sustentada en una catedralicia burocracia... Ojalá que no salga.

Y lo más grave de todo. La gran estafa del euro. Con la moneda única lo que antes valía 100 pesetas pasó de un día para otro a costar un euro; es decir, una inflación del 66% en tan sólo 24 horas. Nos ha empobrecido; hoy contamos con los mismos salarios de hace diez años pero los productos tienen precios alemanes. El euro ha disparado la especulación urbanística. Comprar una casa es misión imposible, tener hijos una utopía, llegar a final de mes un lujo apto sólo para ricos. Y todo eso que se supone que vivimos en un Estado del Primer Mundo que crece al doble que la UE, bla, bla. Estamos innegablemente peor que con la peseta. Pero mucho peor.

La verdadera riqueza para los valencianos pasa por compartir mercado con Europa, lo cual no tiene por qué ser necesariamente dentro de la UE. Abogo por un tratado de libre comercio con la UE como el de Israel o Suiza, para comerciar con el continente sin necesidad de aranceles. Pero a la vez urge recuperar el control de la moneda, de los tipos de interés y las fronteras si no queremos vernos con el malestar creciente que recorre Europa. Y si para ello tenemos que salir de la UE, que así sea. Es preferible vivir bien en un país pequeño que formar parte de un imperio si con ello vamos a padecer la angustia de levantarnos un poco más pobres cada día.

91) Llengua Valenciana Blogspot. 1-12-2006.

QUÍ ES VALENCIANISTE, QUÍ CATALANISTE I QUÍ ESPANYOLISTE.

Partixc de la base que ser valencianiste no significa necessariament ser nacionaliste valencià. M'explique, si un individu considera que la seua nacio es Espanya aixo no el convertix en un nacionaliste espanyol. Almenys no necessariament. Lo mateix ocorre en qui creu que la seua nacio es per eixemple Valencia. A partir d'ahi, i si deixem el marcs nacionals a banda i mos centrem en lo cultural, hi ha gent que assimila "valencianiste" com un equivalent de "catalaniste" o "espanyoliste". I aixo es algo que no es correspon en la realitat, com voreu ara.

Per eixemple, un pancatalaniste es qui considera no solament que en Catalunya es parla l'idioma catala sino que en Valencia es parla catala i que ademes es territori catala. No obstant el catalaniste, a diferencia del panca, no considera a Valencia una provincia catalana. Ara be, el catalaniste si que creu que en Catalunya es parla catala (tot correcte) i que en Valencia es parla catala (lo qual constituix una notable ingerencia). Eixa es una actitut intervencionista que contrasta en la dels valencianistes, que no es claven en els assunts interns dels veïns.

Aixina, el valencianiste considera que en Valencia es parla un idioma valencià distint del catala, pero no comet ingerencies en Catalunya. A un valencianiste no li importa que en Catalunya hi haja una predominancia del catala (com la que propon Carod-Rovira o Jordi Pujol), de l'espanyol (Francisco Franco) o un bilingüisme de coexistencia (Albert Boadella, Aleix Vidal-Quadras...). O que els catalans diguen que el catala es un idioma independent o un dialecte de

Per a ofrenar noves glories a Valencia

l'occita. Eixos son assunts interns i un valencianiste no es clava ahi.

D'una atra banda, en referencia al concepte "espanyoliste", molts poquets valencianistes te trobaras que diguen: 1) L'espanyol deuria estar prohibit. 2) L'espanyol deuria ser una llengua per a parlar en el intims en casa o en la peixcateria, pero per a res mes. 3) "¡Eh, tu, a mi em parles en cristia!" (dirigit a un hispanoparlant). Per contra, estes tres actituts resulten molt mes habituals en eixa gent que s'autodenomina "espanyolista". Per lo tant, es obvi que entre els conceptes "valencianiste", "catalaniste" i "espanyoliste" hi ha una diferencia de matis.

En la meua opinio, el concepte "valencianiste" implica generalment un respecte i un civisme que a sovint falta en lo que denominem "espanyoliste" o "catalaniste". El valencianiste ni es clava en casa dels veïns (com de fet, si que fa el catalaniste) ni falta al respecte als demes (com si fa l'espanyoliste). Yo com valencianiste que soc, no defenc que s'aniquile l'espanyol de Valencia sino que no s'aniquile el valencià en Valencia, que es molt distint. I entre el catalanisme i l'espanyolisme estan exterminant una llengua que es mes dolça que la mel.

92) Llengua Valenciana Blogspot. 7-2-2007.
400 MILLONES DE COBARDES.
Le propongo al lector que se imagine un partido de fútbol entre dos contendientes desiguales. Por un lado el Real Madrid con su presupuesto multimillonario, sus estrellas fichadas a golpe de talonario y sus Copas de Europa. Por otro, un club humilde de la España profunda, el imaginario

Villa-Abajo de los Cabezudos C.F., equipo que juega en la regional con un presupuesto de risa, una plantilla de aficionados y un patatal de campo.

Empieza el partido y el Madrid es el dominador aplastante, triangula, regatea, y va ganando por 20 goles a 0. Normal. De repente el punta del Villa-Abajo remata de cabeza en un despiste de la zaga blanca y mete un gol. 20 a 1. Ahora imagínese a todos los miembros del Madrid, entrenador incluido, en torno al árbitro, acosándolo frenéticos para que anule ese tanto. "¡Es fuera de juego!" –alegan–. Protestan como si les fuera la victoria en ello.

¿Qué dirían del Madrid si hiciera eso? ¿Qué dirían los comentaristas, el público, la gente en la calle? Qué cara más dura tienen; no aceptan ni que les metan el gol del honor; a ver si tienen miedo de que remonte el Villa-Abajo; es una vergüenza; vaya panda de abusones y de cobardicas; así así así gana el Madrid, etc. ¿A que dirían eso? ¿A que sí? Hay que tener la cara muy dura o ser muy gallina para temerle a un rival que puede hacer tan poco.

Por su parte, el español es una lengua que se habla en 25 Estados soberanos en el planeta, que cuenta con más de 400 millones de hablantes y una potencia literaria y editorial realmente espectaculares. El valenciano en cambio es una lengua minoritaria, sólo la hablan 2 millones de personas y fuera de Valencia tan sólo sobrevive en la murciana comarca del Carche. Como en el fútbol, se presenta una contienda desigual también aquí.

El español domina de forma aplastante. ¿Cuántos periódicos hay en español? Muchos. ¿Y en valenciano? Cero. ¿Y revistas? En español muchísimas, en valenciano alguna hay. ¿Y radios? En español todas las que quieras, en valenciano sólo emisoras locales. ¿Y páginas-web? El desfase entre ambos idiomas es gigantesco. ¿Y editoriales? ¿Y libros publicados en un idioma y en el otro? El español vence al valenciano por veinte a cero.

¿Y qué ocurre cuando el valenciano puede dominar en una faceta –la única– como es la educación? Pues dicen que se discrimina al castellano (que digo se discrimina ¡se persigue, se masacra!); que esto es una vergüenza; que no se respetan los derechos de los hispanoparlantes... No basta con que el español domine aplastantemente en todas las facetas, no, es que no consienten ni tan sólo que el valenciano meta el gol del honor. Ni siquiera ese.

El español es omnipresente. Se aprende solo porque está en todos lados. Si un niño cursa el cole en valenciano (o gallego, vasco, catalán o balear) cuando sea mayor hablará el valenciano y el español. Por contra, si hace los estudios en español cuando sea mayor no sabrá hablar el valenciano (o la otra lengua autonómica). Por eso es vital que el valenciano predomine en las aulas en detrimento del español, sólo así puede garantizar la supervivencia del uno frente al otro.

Dicen que el español lo hablan 400 millones de personas... 400 millones de cobardes deben ser si les asusta que una lengua de 2 millones les gane la partida en un campo cuando el español le vence en todos los demás. ¡Qué vergüenza señores, para la lengua española y para quienes la hablan! Quienes protestan por la educación en valenciano son unos gallinas que pretenden que el valenciano se extinga. Dan asco de lo cobardes que son.

NOTA: Cuando hablo de valenciano me refiero a una educación en auténtico valenciano (Normas de El Puig) y no al *"valenciano" subnormalizado* que no es sino catañol, una mezcla cutre de catalán y español sin nada de valenciano.

Josué Ferrer

Abogo por una educación en verdadera lengua valenciana (actualmente un idioma fuera de las aulas) como lengua predominante y no en castellano o en catañol como por desgracia ocurre a día de hoy.

93) Llengua Valenciana Blogspot. 25-4-2007.
300 ANYS D'HUMILIACIONS.
El 25 d'Abril de 1707 significà l'acte de defunció d'una nacio sobirana: el Regne de Valencia. En la Batalla d'Almansa (que cal contextualisar dins de la Guerra de Succesio (1701-1714)) les tropes borboniques venceren a l'eixercit austraciste i aixo fon el principi de la fi. El rei Felip V "per just dret de conquista" aboli els nostres Furs. La majoria de la societat pensa que aixo es comparable a que hui eliminaren el nostre Estatut i suspengueren l'autogovern de la Comunitat Autonoma de Valencia. Pero aixo no es cert. En aquella epoca Arago, Valencia o Mallorca eren tres regnes independents en un unic rei, tres Estats sobirans en un sol cap d'Estat.

Igual que hui Canada, Gran Bretanya o Australia son tres Estats independents pero en un sol cap d'Estat (la regina d'Anglaterra). Que Castella conquistara el Regne de Valencia i s'aboliren els seus Furs es tant com si actualment China conquistara Australia i eliminara la Constitucio Australiana: no es la perdua d'un autogovern, sino la perdua de l'independencia. Lo que eren les Espanyes (en plural) passà a ser Espanya (en singular). Lo que eren varis Estats sobirans (Castella, Arago, Mallorca, Valencia...) passà a ser u sol: Espanya. Passarem per la força salvage de les armes de ser valencians a ser espanyols. Tot en un 25 d'Abril de 1707.

Per a ofrenar noves glories a Valencia

Hem perdut els Furs, la sobirania, l'independencia, l'identitat. Fins fa no res encara imperava el dret castellà per damunt del dret foral valencià. Al 25 d'Abril cal sumar atres tres dates infaustes. El Decret de Francisco Javier de Burgos de 20 de novembre de 1833 pel que el Regne de Valencia es desquarterat en tres provincies que tan sols han servit per a fabricar provincians i dividir al poble. El dictamen de l'Academia Valenciana de la Llengua (AVLL) de 9 de febrer de 2005 que proclama que valencià i catala son un sol idioma. I la reforma estatutaria de 11 d'abril de 2006 a on el president Paco Camps introduix dins de l'Estatut la AVLL (es dir, el catala).

Portem 300 anys sent espanyols. I sols hem rebut patades en el cul, a vore quina mes gran. Els nostres *compatriotes*, als quals estem pagant les pensions de la nostra bojaca, mos diuen: *"Ni una gota de agua para los valencianos"*. Espanya mos vol per a pagar i callar. Damunt dels 300 anys d'imposicio del castellà, ara el valencià deu patir la substitucio llingüistica en favor del catala. Per primera volta en l'historia, el valencià està en perill real d'extincio. I tot anirà a pijor fins al dia en que els valencians decidim deixar d'ofrenar noves glories a Espanya i començar a ofrenar-li-les a Valencia. Li pregue a Deu per a que eixe dia ya no siga massa tart.

94) Llengua Valenciana Blogspot. 3-5-2007.
A TOQUE DE TROMPETA.
Siempre se ha dicho –y es verdad– que la burguesía valenciana de valenciana tiene más bien poco. A diferencia de sus colegas vascos y catalanes, a los empresarios

valencianos no les importa ser sucursalistas de la Meseta y apoyar a un partido centralista como el Partido Popular (PP) en vez de a una Coalicio Valenciana (CV) que sí podría obtener prebendas para nuestra tierra, así como otros partidos autonómicos lo logran para la suya. Pierden el culo por posar en la foto con los peperos y se movilizan a toque de trompeta del PP cada vez que sea necesario. Eso sí, las inversiones siempre se van a Madrid, Cataluña y Euskadi. Pero esto ¿qué más da?

Como un representante ilustrativo de lo tristísimo que es el empresariado autóctono, citaría a Artur Virosque, el presidente del Consejo de Cámaras de la autonomía de Valencia. En casi 12 años de gobierno del PP no ha venido el AVE, ni se ha hecho el Parc Central (prometido por Rita Barberà en 1991), ni el Parc Industrial de Sagunt, ni el Aeropuerto de Castello. Somos la autonomía más endeudada de España, las exportaciones caen en picado y cada día son más las empresas que cierran puertas y se deslocalizan. Aun así, Virosque es un fiel del PP; le pone muy caliente esa política económica de parques temáticos en bancarrota y de atracciones de feria.

Aunque para fidelidad canina la de Cristofol Aguado, presidente de AVA-ASAJA. Aguado no pierde ocasión de movilizar a los suyos para poner a parir a los sociatas. ¿Que viene ZP? Allí están los agricultores para abuchearlo con las cámaras de *Canal Noi* delante. El presi de AVA confía más en el PP, que en 12 años de gobierno no ha tenido tiempo para traer ni una sola gota de agua a Valencia y que estuvo mudo cuando los Estados Unidos restringieron el acceso de clementinas valencianas al mercado norteamericano allá por 2001. Pero para mudo, Aguado, que fue incapaz de exigirle a los peperos que defendieran los intereses de nuestro país.

Per a ofrenar noves glories a Valencia

Otro que se levanta la sotana para salir disparado a todo gas cada vez que desde el PP hacen sonar la trompeta es el arzobispo de Valencia, Agusti García Gasco. El arzobispo se negó en su día a bendecir la sede de un partido de raíces cristianas como Coalicio Valenciana pero eso sí, no duda en apoyar a ese PP que defiende el aborto, el divorcio y que oficia *matrimonios* homosexuales. Que lujo ver al monseñor estrecharle la mano a Paquito Camps, el hombre que con su firma ha autorizado la investigación con embriones en Valencia. Después nos pedirá usted que pongamos la X en la casilla de la Iglesia. Por supuesto, monseñor, lo que usted diga.

95) Llengua Valenciana Blogspot. 4-5-2007.
¡COPA AMERICA: TOTS EN L'ALINGHI I EL DESAFÍO ESPAÑOL QUE S'AFONE!
Per a qui no estiga molt al corrent de lo que significa la Copa America de Vela, els explicaré que es un torneig de la talla d'uns Jocs Olimpics que conta en una historia centenaria i que ve a ser algo aixina com un mundial de velers. He de dir tambe que aci el que queda campeo es el que decidix en quina ciutat es realisa la proxima edicio de la Copa America. Lo normal es que el club vencedor trie el seu país per a disputar la competicio, per allo de que juga en casa. Pero s'ha donat una circumstancia curiosa: el primer equip europeu de l'historia que s'ha fet en el titul ha segut l'*Alinghi* (en 2003), que curiosament es una embarcacio helvetica. Clar, com que Suïssa no te costa havien de triar un atre lloc a on fer la regata; i per aixo escolliren Valencia per a l'edicio de 2007.

La competencia fon dura. Valencia guanyà el concurs front a candidates de la talla de Barcelona, Mallorca, Napols... Una volta eliminada Barcelona, el seu alcalde Joan Clos digue que preferia que ixquera triada Napols abans que Valencia. Despres que mos conten l'historieta de que valencians i catalans som germans, etc. Espanya decidi que competiria en la Copa America. Aixina es que buscaren un patrocinador (Iberdrola) per a costejar les despeses d'una embarcacio netament espanyola batejada *Desafío Español 2007*. Cal dir que en este barco espanyolero es decidi que colaboraria el Real Club Nautic de Barcelona i no el de Valencia com sería d'esperar si tenim en conte que la Copa America s'ha de disputar en aigües valencianes dins de molt poc.

En este torneig dels "Formula 1 de la mar" la prensa mos vol vendre una burra coixa als valencians. Mos diuen que el *Desafío Español 2007* es el "de casa", que al ser l'unic barco espanyol cal animar-lo. Pero la realitat es que es un equip de merda i damunt han dit que si guanyen la Copa America la proxima edicio es fara... ¡en Barcelona! Per aixo el recolza tota la prensa. Per contra, el campeo suïs *Alinghi* ha dit que si en 2007 revalida el titul, la Copa America es tornaria a disputar en Valencia. Per lo tant, els valencians hem d'estar tots a una en este club suïs que ha demostrat confiar en mosatros. I als espanyols i catalans que mos volen prendre el pel, els dire que desige de tot cor que el *Desafío Español 2007* naufrague.

Per a ofrenar noves glories a Valencia

96) Som nº 240. Febrer de 2008.

SALVAR LA LLENGUA VALENCIANA YA NO ES POSSIBLE.

El 100% dels diputats de les Corts Valencianes defen que el valencià es un dialecte del catala. Portem 25 anys de rentats de cervell i adoctrinament catalaniste en les escoles. L'Academia Valenciana de la Llengua (AVL) està dins de l'Estatut i eliminar-la sera casi impossible. El Bloc continua creixent i ya està dins de les Corts. La societat es indiferent a l'avanç imparable del catalanisme. A pesar del brutal esforç monetari i de l'espectacular campanya electoral que feu Coalicio Valenciana (CV) en les autonomiques i locals, els resultats no han acompanyat. I aixo per no parlar de que Convergencia i Unio (CiU) o Esquerra Republicana de Catalunya (ERC) estan en el Parlament Espanyol i sempre faran tot lo possible per a intentar destruir a Valencia. No hi ha res a fer. Considere que hem arribat a un punt de no retorn a on salvar la llengua valenciana ya resulta humanament impossible, algo que ya no està en les nostres mans.

La *Biblia* mos relata que Israel patí una situacio no molt distinta a la del Regne de Valencia. Els judeus despres de fugir de l'esclavitut d'Egipte i vagar pel desert durant anys, arribaren a la terra promesa per Deu. El problema era que ya estava poblada, i per països molt mes forts ademes. Els judeus creïen impossible conquistar-la: arribaren a dir que ells eren com llangostes que s'havien d'enfrontar contra jagants (Numeros 13: 30-33) i que per a ser assessinats a mans d'eixes poderoses nacions millor haguera segut morir en el desert i inclus hi hague qui propongue retornar a Egipte per a ser esclaus de nou (Numeros 14:1-4). Unicament dos valents cregueren en la promesa del Senyor: Josue i Caleb. A Josue no li importà comandar un eixercit patetic i digne de

180

riure puix sabia be que no era ell qui anava a guerrejar, sino el propi Deu qui, en el seu lloc, lluitaria en el camp de batalla. El desenllaç es ben conegut per tot lo mon.

Deu no ha passat de moda. Continua existint i actuant hui igual que fa 3.000 anys. Es un especialiste en donar girs de 180° a situacions desesperades que son un carrero sense eixida. ¿Quí anava a dir-li als judeus en 1948 que, despres de 2.000 anys no existencia, Israel tornaria a ser nacio? Ningu ho podia creure pero era una promesa biblica i Deu la compli. En 1961 l'Unio Sovietica estava per davant d'Estats Units en la carrera espacial i els grans catedratics creïen que sols era qüestió de temps que el comunisme s'expandira per tot el planeta... Pero sols 30 mes tart l'Unio Sovietica ya no existia. Fa sols cinc anys en Holanda era inconcebible pensar que un partit cristia arribaria al govern i lluitaria contra l'abort i el matrimoni homosexual. Holanda, el païs de la prostitucio i la marihuana llegals, l'Estat en mes percentage d'ateus d'Europa.... Hui l'Unio Cristiana està en l'equip de govern. ¿Qué hi ha impossible per a Deu? Res.

Soc cristia. Crec profundament en Deu. Pero no en un Deu distant que està en les galaxies i passa de tot lo que ocorre aci baix sino en u pròxim que s'interessa pels sers als que ha creat, que interve en la vida de les persones i en el desti de les nacions, un ser totpoderos capaç de fer i de desfer. Perque lo que es impossible per a l'home es possible per a Deu (Lluc 17:20). La llengua ha arribat a una situació critica pels nostres erros, per no aprofitar les oportunitats, per incompetencia. Pero no mos donem conte, puix en el valencianisme sobra superbia i falta humiltat. Cal reconeixer que som humans estupits i llimitats i que ya no està al nostre abast salvar la llengua pero que si resulta possible per a Deu. Tot lo que no vaja en eixa direccio està condenat al fracas.

Per a ofrenar noves glories a Valencia

Sols quan estigam disposts a ficar el nostre cor de genolls davant del Senyor, a obedir-lo, a suplicar-li en fe que mos lliure dels nostres opressors... Sols llavors tindra misericordia d'este poble.

97) Som nº 243. Febrer de 2009.
L'ABORT, EL GENOCIDI SILENCIOS.
La prensa parla continuament del terrorisme. En la meua humil opinio es un problema que, encara que gravissim, es troba ampliament magnificat i sobredimensionat pels mijos de comunicacio. Potser perque este tema figura en l'agenda dels politics i es utilisat pels partits com una arma electoralista que llançar al contrincant. Pero sigam realistes... ¿Quantes persones assessina ETA a final d'any? ¿Dos? ¿Tres? Sense dubte, un terrible drama huma, pero ¿qué es aixo en comparacio en el numero de persones que cada any moren per maltractaments, accidents laborals, accidents de transit o aborts?

Precisament d'est ultim fenomen voldria parlar hui. Des de que es despenalisà el crim de l'abort en l'Estat Espanyol en 1985 mes d'un millo de chiquets ha segut exterminat, unes sifres que s'acosten a les del genocidi armeni. Cada any a 100.000 criatures se'ls nega el dret de naixer. Una sifra identica a la del numero de morts que causà la bomba atomica en Hiroshima. Es curios que en esta Espanya constitucional que tant presumix de ser garant dels drets, no es preserve a tota costa el mes important de tots ells: el de la vida. Perque al cap i a la fi ¿de qué et valen els demes drets sense este?

El silenci vil i covart dels mijos de comunicacio sobre este drama social provoca vergonya aliena. Com ho causa tambe els arguments proabortistes. Els que estan a favor de l'abort es mereixen que les seues mares hagueren abortat d'ells. Perque una persona, si vol ser coherent, deu predicar en l'eixemple. De lo contrari, aquell que desija per als demes lo que rebuja per a si mateix es un hipocrita. M'agradaria que un proabortiste tinguera corage de mirar als ulls a un adult en Sindrome de Down i dir-li: "Tu no deuries haver naixcut. El teu naiximent fon un erro. Tu no deuries estar viu" .

Mos venen que l'interrupció de l'embaras es un dret civil, una conquista social, un avanç. Pero res de progressiste hi ha en matar al teu propi fill. Que miren cóm a un chiquet de quatre mesos de gestacio li succionen el cap en una aspiradora, cóm el desquarteren a trossos, cóm li arranquen del tronc les extremitats perfectament formades. Que contemplen l'horror en sos propis ulls i despres diguen que defenen esta sagnia. Que no disfrassen eixa macabra matança de fals progrés perque fa mils d'anys la *Biblia* ya mos advertia de la gent que a lo bo diu roïn i a lo roïn diu bo (*Isaïes* 5:20-24).

Diuen que el fill abortat no es un ser huma sino una celula. La tecnica no es nova: despersonalisar a la victima per a que, una volta desproveida de condicio humana, siga mes facil matar-la sense patir remordiments. Ho feren els nazis, ho feren els racistes blancs de la Surafrica de l'apartheid, ho fan els etarres. Pero tots els sers humans son iguals als ulls de Deu i tots deuen ser iguals en dignitat; no importa si son judeus, negres, embrions, fetos, si patixen un retart mental, si estan en coma o estat vegetal. No hi ha humans de primera i de segona. Nomes hi ha sers humans. I el fill no naixcut es u d'ells.

98) Som nº 244. Maig de 2009.

EL DERRUMBAMENT MORAL D'OCCIDENT.

En els ultims 20 anys els habits morals de la poblacio europea, entenent-los com la radical distincio de lo socialment acceptable d'allo que es reprovable, han canviat notablement. En alguns casos ha segut per a be: per eixemple fa dos decades els maltractaments es consideraven coses de casa en les que no s'havia d'actuar mai per ser d'ambit estrictament privat mentres que hui colpejar a una dona està molt mal vist. Unes atres transformacions positives han segut l'incorporació de les femines al mon laboral o la cada volta major implicacio dels varons en gojar de la paternitat i atendre als seus fills.

Pero la majoria de canvis no ha segut bona. Lo que sería intolerable quan se va de visita a la vivenda d'un conegut (que una dona adulta es passejara quasi despullada davant d'un chiquet de set anys) es contempla en total normalitat si ocorre en una plaja. Les dones hui fumen com carreters, beuen com cossacs i parlen com llauradors; en la practica es comporten com homens en mamelles. No sols han renunciat a la feminitat sino tambe a la maternitat ya que la majoria de jovenetes no sols es postula a favor de l'abort sino que ademes contempla com una conquista social matar al seu bebe.

Els homens tambe han canviat. Fa 20 anys a qualsevol varo li hauria caigut la cara de vergonya si la seua novia eixiria nua en una revista o un calendari... Pero hui se senten molt orgullosos. "¿De qué? ¿De qué la teua novia es baixe les bragues per diners?" –em pregunte–. Un recent estudi afirma que u de cada tres varons francesos veu normal que un cavaller es depile les cames o use cremes de bellea. L'inversio de valors arriba fins al punt de que un home cada volta mes femeni se somet a una dona masculina que l'ha desplaçat en el seu paper de cap de familia i que ara du els pantalons en la llar.

Les despedides de fadri son un atre eixemple d'incoherencia: sols una semana abans de jurar fidelitat per a tota la vida a una persona, s'acodix a una festa a on al novio li refreguen les mamelles per la cara, mentres en atre lloc la novençana palpa el pene d'un tio al que ni coneix. Diguen-me a mi si un matrimoni comença d'eixa manera cóm pot acabar. No parlem ya del cancer etic que supon convertir en heroe nacional i un eixemple de conducta a una persona pel sol fet d'haver-se gitat en algu famos i haver anat a la televisio a contar-ho. Eixos son els valors en que creixen els nostres fills.

El nivell de moral baixa en cada generacio, de tal modo que la generacio següent partix d'una base etica inferior a l'anterior. Ya han firmat el matrimoni homosexual, l'eutanasia, l'abort lliure i el canvi de sexe. Hi ha una caiguda en picat dels valors i estem llunt de tocar fondo. Ara els musulmans volen la poligamia, i en Holanda un partit politic reclama que siga llegal tindre sexe en chiquets de 12 anys, en animals, la pornografia infantil, la prostitucio a partir dels 16 o anar nu pel carrer. Potser ara parega un escandal, pero ad este ritme ¿quí diu que en 20 anys aço no siga lo mes normal del mon?

99) Som nº 245. Setembre de 2009.
ESCOPIR AL CEL.
Quan pense en les moltes aberracions que cometem els humans, una sobre totes elles m'aterra especialment: l'abort.

Per a ofrenar noves glories a Valencia

En la meua opinio no es pot caure ya mes baix: resulta pijor inclus que la guerra o l'Holocaust nazi. Perque en la guerra (encara que es un estrepitos fracas de la civilisacio humana en la que el 90% de morts es civil) al menys matem a *"l'enemic"*. I dic enemic entre cometes perque tots sabem que la majoria de voltes en una guerra s'ataca a gent que no nos ha fet res. Pero, almenys, i encara que siga en la teoria, vas a per l'enemic. L'abort tambe resulta pijor que el Holocaust judeu. Perque en l'Holocaust perpetrat pels nazis, o en qualsevol dels genocidis o neteges etniques que ara mateix estan en marcha en Africa o Asia, se sol assessinar a gent adulta. I normalment eixes victimes no son familiars, amics ni coneguts del vil eixecutor que els arrebata la vida.

Pero es que l'abort es encara mes abominable. Perque en la guerra mates a l'enemic, en el genocidi mates a un estrany, pero en l'abort mates a un bebe que damunt es el teu fill. Si ad aixo li sumes disfrassar lo macabre de llibertat i progrés… en eixe cas, si que hem arribat a la cuspide de la perversio, de la degeneracio, a l'acte suprem de burla i crueltat. I passa tot aci en el Primer Mon, en la vella Europa, en el continent que presumix de ser el breçol de la civilisacio occidental, el puto melic del mon. A voltes mire a la gent de la selva i em pregunte quí son realment els salvages i quí els civilisats. No ho tinc gens clar. Els progres miren als països islàmics i s'escandalisen perque una dona porte un mocador en el cap. I no obstant, contemplen en total normalitat que cada any mes de 100.000 chiquets siguen abortats en Espanya. L'hipocresia d'esta gent fa fredat.

Lo que està passant en els nostres temps recorda als passages de la *Biblia* que relaten com les dones portaven als seus fills recent naixcuts a sacrificar-los al dimoni Molloch. Molloch era una enorme estatua de bronze en la boca oberta i els braços estesos, en les mans juntes i les palmes cap amunt, dispost a rebre el sacrifici. Dins de l'estatua hi havia un forn en el que s'encenia un foc que s'alimentava continuament durant l'holocaust. El bebe era depositat en les mans del dimoni i era lliteralment abrasat viu per les flames. Hui no tenim a un Molloch sino a molts. Cada abortori es un altar en honor a este dimoni. Qui se pense que exagere, li convide a que contemple cóm a un chiquet de quatre mesos de gestacio li succionen el cap en una aspiradora, cóm el desquarteren a trossos, cóm li arranquen del tronc les extremitats perfectament formades. Perque aixo es un abort.

Eren les propies mares les que entregaven a les seues victimes a Molloch –igual que hui les entreguen a meges sense escrupuls– mentres els sacerdots tocaven trompetes i tambors per a que no s'escoltaren els plors desesperats del bebe que es cremava viu. Hui tenim a la prensa interpretant la seua particular simfonia per a que no pugam escoltar la veu de la consciencia ni la denuncia dels homens justs. Nos diu la *Biblia* que Yaveh s'encolerisà tant al vore aquell horror que decidi exterminar als seguidors de Molloch (Levitic 20:2-3). Lo que està passant en els nostres dies es un desafiament en tota regla a Deu. Que ningu s'estranye si Ell nos castiga. Potser en una crisis economica sense precedents, potser sent dominats pels musulmans, potser en el retorn a la dictadura o als temps de la fam. O potser de qualsevol atra manera. Estem escopint al cel i nos pot caure en la cara.

Per a ofrenar noves glories a Valencia

100) Som nº 246. Novembre-Decembre de 2009.
EL VALENCIA CF COM A SINTOMA SOCIOLOGIC.

El Valencia CF, fundat en 1919, es un dels clubs mes importants d'Espanya. Al terme de la temporada 2008-2009 es el tercer en tituls internacionals (superat unicament per Real Madrit i Barcelona), el quart en la classificacio historica de la lliga espanyola (superat per Real Madrit, Barcelona i Bilbao) i quint en tituls estatals (per darrere de Real Madrit, Barcelona, Bilbao i Atletic de Madrit). Conta en vint llorers (6 Lligues, 7 Copes, 1 Supercopa d'Espanya, 1 Recopa, 3 UEFA i 2 Supercopes d'Europa) en el seu palmares.

La qüestio es... ¿se correspon esta vintena de tituls en el pes historic, demografic i economic de la ciutat? No. Valencia es la tercera urbs mes poblada de l'Estat i el Valencia CF conta en el tercer presupost mes alt del campeonat. En proporcio al seu pes demografic i social, el Valencia CF deuria ser sense dubte el tercer equip mes llorejat d'Espanya... Deuria tindre unes 12 o 13 lligues, atres tantes copes, almenys una Copa d'Europa i complir en Espanya un paper semblant al de l'Arsenal en Anglaterra o l'Inter de Mila en Italia.

El problema radica en que l'equip che tan sols conta en la mitat de trofeus que per pes i presupost hauria d'atesorar. I el problema es que aço es un reflex no d'un club deportiu sino d'una societat sancera. ¿No es de traca que el Regne de Valencia tinga aeroports, metros i ferrocarrils de joguet? ¿O que no dispongam del Tren d'Alta Velocitat, del Pla Hidrologic Nacional, del Parc Central o del Parc Industrial de Sagunt? ¿O que Castello de la Plana no tinga aeroport? ¿O que hi haja alguns barris d'Alacant que s'inunden quan plou?

La falta d'exits del Valencia i la falta d'inversions del Regne van de la ma. Ni l'aficio che ni la societat valenciana passen per ser exigents sino molles i conformistes. "No passa res. La Copa a l'any que ve", clama l'aficio quan el Valencia pert una final. Aci mai passa res. Tot arriba sempre a l'any que ve; la Copa i el transvas de l'Ebre, la Lliga i les inversions. I si no es l'any que ve, puix a l'atre. Quan li abellixca als nostres amos de Madrit. Ells ya saben que aci mos conformem en les miguetes que els sobren a uns atres.

No es d'estranyar que hi haja tants valencians que simpatisen en el Real Madrit i l'espanyolisme, o en el Barcelona i el pancatalanisme. Ells son el reflex de la burguesia valenciana, que s'inclina pel centralisme madrileny o pels països catalans. Aci la gent te un complex d'inferioritat de cavall. Ningu te fe en el potencial d'esta terra i d'este poble. Tots parlen en orgull del nostre Segle d'Or pero ningu pareix donar-se conte de que si fon possible es perque en aquell temps sobrava lo que hui mos falta: l'orgull de ser valencians.

...I UN DISCURS

"L'espirit valencià que, amagant-se com el foc baix la
cendra, es mante en el fondo del nostre poble, es
vertaderament una promesa de triumf. Un dia u atre
Valencia, de cara a la seua vida, tindra que incorporar-se a
les modernes corrents nacionalistes del mon per a
dignificar-se i ennoblir-se davant de tota l'humanitat".
Josep Maria Bayarri i Hurtado (escritor i artiste).

Josué Ferrer

101) Valéncia Hui. 14-4-2008.

VALENCIA ¿UNA PROSTITUTA QUE SUBASTEN AL MILLOR POSTOR?*

*Discurs llegit pel periodiste Josué Ferrer
en l'acte de les XVIII Palmes Dorades
del Grup Cultural Ilicita Tonico Sansano Mora.

Ferrer rebe la Palma Jovenil al Nou Valencianisme
en 2008 com a reconeiximent per la seua llabor
periodistica en el diari *Valéncia hui*.

Elig, 13-4-2008.

Dames i cavallers, senyor president del Grup Cultural Ilicita, en Josep Esteve Rico, membres del jurat, autoritats, distinguits premiats, respectables convidats i demes persones presents en la sala:

Molt bon dia. El meu nom es Josué Ferrer, soc periodiste i tinc l'immens honor de rebre enguany la Palma Dorada al valencianisme jovenil. Son les Palmes Dorades un premi molt distinguit, que s'otorga de fa tres decades per una institucio de la solera i la tradicio del Grup Cultural Ilicita Tonico Sansano.

Es per a mi un honor tambe estar en una terra que aborrona al visitant per la seua bellea i esplendor. Parle d'una ciutat, Elig, que te la seua magnifica Dama tan injustament seqüestrada per Madrit i que, d'haver segut vasca o catalana, ya faria molts anys que hauria segut retornada a la seua terra d'orige. Es un orgull per a mi poder estar en la capital del Vinalopo, que ha donat al Regne de Valencia fills tan ilustres com Tonico Sansano o Vicent Pastor Chilar, que te el

Per a ofrenar noves glories a Valencia

palmerar mes gran d'Europa o el Misteri d'Elig, els dos reconeguts per la propia UNESCO com patrimonis de l'Humanitat, una ciutat que te l'afany mamprenedor dels seus treballadors que tant han despuntat en el textil i del calcer, i que esperem que tambe puga tindre la temporada que ve un club de futbol en primera divisio.

A pesar de l'afecte i hospitalitat ilicitanes, no puc deixar de sentir-me estrany arreplegant este premi. Ya que entenc que es un honor molt gran per a un treball tan menut com el que he fet. M'explique; puc entendre que u dels guardonats siga Joan Lladró, perque porta tota la vida lluitant per la valenciania i ha demostrat tindre la dignitat, l'amor propi i el parell de collons que en general li falta a l'acomplexada i sumissa classe empresarial valenciana. Puc entendre tambe que un atre dels premiats siga el Femesala, ya que en els seus triumfs deportius han portat el nom d'Elig a lo mes alt. Lo que no puc comprendre es que yo siga un dels llorejats. Crec que lo que he fet no se mereix tant.

La meua llabor ha segut ben humil, i es mes; el 50% d'esta Palma Dorada qui se la mereix realment es el periodic *Valéncia hui*, presidit per Joan Lladró i Héctor Gimeno, i dirigit per Baltasar Bueno. I no ho dic d'una forma retorica o per quedar be, sino perque es la pura veritat. Si el periodic *Valéncia hui* no m'haguera oferit treball, yo mai haguera pogut redactar les noticies per les quals hui estic arreplegant un trofeu. Aixina que estic molt agrait al *Valéncia hui*, que es l'unic diari valencià i valencianiste de tot el Regne de Valencia. Una part d'este premi se la mereix tambe el professor Joan Ignaci Serrano, al que tantes voltes he consultat dubtes i que tantissimes ocasions ha facilitat la meua tasca periodistica del dia a dia.

Quan yo entri a treballar en *Valéncia hui* tenía ben clar lo que havia de fer. Escriure noticies d'actualitat sobre la Cultura Valenciana i en valencià. Aixo era facil. La part dificil consistia en donar justa representacio a tots els sectors del valencianisme i sense que es queixara cap. El valencianisme, a l'igual que el socialisme, el cristianisme, una foguera de Sant Joan o qualsevol atre moviment, te diferents sensibilitats. En el cas concret del valencianisme hi ha gent mes regionalista, i atra mes nacionalista, alguns son d'esquerres i uns atres son de dretes, alguns parlen en valencià i uns atres en castellà, etcetera. Yo sempre he tractat de donar veu a tots ells, d'acort a uns criteris d'importancia informativa i de rigor periodistic, clar està. La meua faena com a periodiste podra haver segut bona, roïna o regular pero puc dir ben alt i en molt d'orgull que no hi ha ningu que haja vingut a tocar a les meues portes i yo li les haja tancat. No hi ha cap valencianiste que m'haja demanat promocionar en el diari el seu ultim llibre, el seu cicle de conferencies, el seu concurs lliterari o la seua activitat sociocultural i yo li haja respost silenciant-lo o donant-li l'esquena.

I si he actuat aixina ha segut per tres raons ben senzilles. La primera es perque pense que el bon periodisme es que el que cedix tot el protagonisme a l'entrevistat i no a l'entrevistador. La segona, perque com diu la *Biblia*, cal anar per la vida en humiltat per a que no mos passe com a aquell home que s'havia assentat en un dels millors llocs d'una gran festa i li feren canviar-se de puesto perque la seua cadira estava reservada a un convidat mes important que ell. Aixina, en tot moment m'he dedicat a escriure les noticies en modestia i carinyo, en el mateix esperit de servici que tindria un majordom. I la tercera rao, de la qual voldria parlar, es

Per a ofrenar noves glories a Valencia

que hui mes que mai el valencianisme està necessitat d'unitat.

Vivim una epoca en la que els nostres governants mercadegen en la nostra història i cultura en lloc de defendre-les. No els importa regalar la Dama d'Elig als madrilenys, la llengua valenciana als catalans o els nostres diners a uns aragonesos que mos bramen en la cara que ni una gota d'aigua per als valencians. En veritat tenim uns governants acomplexats, traïdors i canalles que estan tractant al Regne de Valencia com un proxeneta tractaria a una prostituta que se subasta al millor postor. Cal dir-ho ben clar i ben alt: Mos estan subastant. Estan venent a trossos la nostra patria. Estan diluint-mos, borrant-mos poc a poc dels llibres d'historia fins al dia en que desaparegam totalment i quedem reduits a un mer apendix de Catalunya o de Castella. Si algu no em creu o pensa que exagere, li convide que veja els llibres de text que estudien els chiquets en l'escola i comprovarà que cada volta es parla menys de l'historic Regne de Valencia i mes de països catalans. Per aixo, apele a la unitat valencianista. O mos recobrem en la nostra unitat o els valencians serem destruits com a poble.

Per esta rao hem d'estudiar, conrear i parlar el valencià. Un valencià que està perseguit, que es troba fora de les aules i que cal transmetre de pares a fills per a evitar que es perga definitivament. Parle d'una llengua mes dolça que la mel i que, per molt que diguen que es catalana, ni ho es ni ho ha segut mai perque es clamorosament valenciana. Si repassem l'historia mos donarem conte de l'enorme tesor cultural que supon el nostre idioma. El valencià tingue el primer segle d'or de totes les llengües neollatines –el segle XV–. No fon en espanyol, ni en frances, ni en italià ni en portugues. El primer segle d'or lliterari en una llengua derivada del llati fon en valencià. El valencià tingue el primer diccionari romanic del mon (el de Joan Esteve, en llati i valencià, de l'any 1472), la primera traduccio de la *Biblia* a una llengua romanica (la de Bonifaci Ferrer, traduida al valencià en 1478), el primer llibre impres en la Peninsula Iberica, *Les trobes en lahors de la Verge Maria*, fet en Valencia (1474), per varis autors valencians i en valencià. La riquea de la nostra llengua es massa gran com per a deixar-la perdre, com per a no defendre-la, com per a renunciar ad ella sense abans lluitar.

El valencià patix una situacio molt critica, especialment aci, en les comarques del sur. Pero aixo pot canviar en un futur si mosatros decidim que canvie... Nomes vaig a posar dos eixemples. Fa tan sols unes decades l'euskera travessava lo que va ser nomenat "l'edat de l'angustia". Es tractava d'un temps, el de la dictadura, en que es vea com l'idioma vasc anava llanguint fins a trobar-se en el precipici de l'extincio. Hui el vasc torna a reviscolar i pot mirar en optimisme al futur. Fins al punt de que de tots els escritors vius que hi ha actualment en l'Estat Espanyol, el que te la seua obra traduida a un major numero d'idiomes es un home que no escriu en castellà sino en vasc. El seu nom: Bernardo Atxaga. Un atre eixemple de lluita es el del venecià. Durant mes d'un segle s'ha estat dient que el venecià era un dialecte de l'italià i que negar-ho era com dir que la Terra es plana. Finalment, i despres de molts anys de reivindicacions, el 28 de març de 2007 el Consell Regional del Veneto reconegue de forma oficial l'independencia d'esta llengua i promogue una llei per a protegir-la i recuperar-la. Estos dos casos son un eixemple per a tots mosatros que evidencia que per dures que siguen les adversitats, els pobles que lluiten per lo seu acaben triumfant mes pronte o mes tart.

Per a ofrenar noves glories a Valencia

   Per a finalisar, tan sols vullc recordar que el president d'Argentina, Juan Domingo Perón, feu en el seu dia una advertencia que resultà profetica. Respecte del seu propi poble, digue: "L'any 2000 mos vorà units o somesos". I el pronostic es compli. A l'entrada del segle XXI, Argentina no es ni l'ombra de lo que era, i ha passat de ser una gran potencia a ser un païs dominat per multinacionals i per interessos estrangers. Tambe l'entrada al nou mileni mos ha vist als valencians dividits i per tant somesos. En les nostres mans està canviar-ho. Perque si volem, podem. El futur es nostre.

   Moltes gracies per la seua atencio.